공학 상담 및 지도

계명대학교 공과대학 공학교육 혁신센터

계명대학교 출판부

이 교재는 교육과학기술부와 한국산업기술진흥원에서 시행한
공학교육혁신센터지원사업의 결과물입니다.

공학상담 및 지도

초판1쇄 인쇄 2013년 1월 25일
초판1쇄 발행 2013년 1월 31일

지은이 노승백 외 2명
펴낸곳 계명대학교출판부
펴낸이 신일희
출판등록 제347-1998-1호(1970. 9. 1)

주소 대구광역시 달서구 달구벌대로 1095
전화 053) 580-6233 | FAX 053) 580-6235

ISBN 978-89-7585-609-9 93530

· 값 9,000원
· 잘못 만들어진 책은 교환해 드립니다.

목차

제1부

나는 누구인가

1. Who am I?

소크라테스가 그리스 아고라 광장에서 외쳤다.

"너 자신을 알라(Know Yourself)!"

지나가는 군중이 소크라테스에게 물었다.

"현자여, 당신은 누구십니까?"

소크라테스는 말했다.

"나는 나를 모른다. 그래서 절대 진리는 없다."

나를 안다는 것은 나를 모른다는 것이다.

나를 모르기에 나를 알아가는 과정, 그것이 나 자신을 아는 것이다.

모든 것은 스스로를 아는 것에서 시작한다. 나 자신의 발전과 성공도 먼저 나 자신을 아는 과정을 거친 후 이룰 수 있다. 오죽했으면 소크라테스는 '너 자신을 알라'고까지 말했을까. 자신을 아는 사람만이 무엇이 적합한지 스스로 알 수 있다. 또한 자신이 무엇을 잘할 수 있는지, 혹은 할 수 없는지, 앞으로 어떻게 할 것인지를 결정할 수 있다. 중요한 것은 비록 '나는 누구인가?', '나는 어떤 사람인가?' 이와 같은 질문에 지금 당장은 완벽하게 답할 수 없더라도 끊임없이 자신이 누구인지 묻고 자신을 되돌아보는 과정을 가져야 한다.

1.1 나를 구성하는 정보

1) 내재적 정보

(1) 적성

어떤 일에 알맞은 성격이나 적응 능력 또는 그와 같은 소질이나 성격

적성은 현재의 능력이라기보다는 장래의 성공 가능성을 말해주는 잠재적인 능력이다. 그러므로 적성 발견을 위해서는 신중하고 꾸준한 탐색이 필요하다.

적성을 알기 위한 가장 좋은 방법은 바로 경험이다. 학생 신분으로 직접 직업과 관련된 일을 해보기란 쉽지 않다. 그럼에도 불구하고 다양한 체험을 하는 것이 필요하다. 예를 들면 과외·학원보조 및 강사일, 환자를 안내하는 일, 시청·우체국 등 관공서에서 사무를 보조하는 일, 농촌 일을 돕거나 양로원을 방문하여 봉사하는 일 등이 있을 수 있다.

(2) 흥미

어떤 일이나 활동을 좋아하는 심리적 성향, 즉 사물에 대한 관심이나 취미

흥미는 재능과 관계없이 생긴다. 자신이 잘하지 못하는 일에도 흥미는 생길 수 있기 때문이다. 자신의 직업이 좋아하는 일, 흥미 있는 일이라면 열심히 일할 수 있고, 능력은 더욱 발전될 수 있다. 또한 곤경에 부딪히더라도 좌절하지 않고 극복해 나갈 수 있다. 그러나 아무리 흥미가 있어도 능력이 따르지 못하면 아무 소용이 없다. 국가대표 축구선수나 의사가 되고 싶어도 이에 합당한 운동신경이나 능력이 부족하다면 성공할 수 없다. 그러므로 흥미와 능력의 일치점을 찾는 것이 중요하다.

지금 당장 내가 흥미가 없다고 낙심하지는 말라. 흥미는 다양한 경험을 통하여 개발될 수 있기 때문이다. 대학시절의 동아리 활동 및 봉사활동 등은 흥미를 개발하는 또 하나의 방법이다.

(3) 성격

개인이 가지고 있는 고유의 성질이나 품성

'그 학과나 그 직업이 나의 적성과 나의 흥미에 맞는가?'에 대한 생각은 잘 하지만, '과연 그 일이 나의 성격에 맞는가?'는 가장 나중에 생각하는 경향이 있다.

예를 들면 관광 가이드라는 직업에 흥미가 있고 영어나 기타 외국어에 능통하더라도 사교성이나 서비스 정신, 통솔력이 없으면 관광가이드라는 직업은 본인에게 적합한 직업이라고 할 수 없다. 모든 직업은 그 직업이 요구하는 사람의 성격이 있다. 컴퓨터 관련 직업에서 종사하려면 꼼꼼하고 지구력이 있고 성급하지 않아야 한다. 교사는 기본적으로 사람을 사랑해야 하고, 사업가는 사람을 잘 이해하고 다룰 수 있는 융통성 있는 성격을 가져야 한다. 그러므로 직업 선택 시 이러한 직업적 특성과 자신의 성격과의 관계에 대해서도 고려해야 한다.

성격은 나이가 들어감에 따라, 그리고 환경이나 경험에 따라 변할 수 있다. 성격에 맞는 직업을 찾는 것이 최선이지만, 자신의 성격에 맞지 않는 직업을 갖게 된 경우라도 직업에 맞게 자신의 성격을 변화시켜 성공하는 경우도 있다.

(4) 가치관

가치에 대한 관점으로 인간이 자기를 포함한 세계나 그 속의 사상에 대하여 가지는 평가의 근본적 태도

자신이 하는 일이 중요하게 생각되지 않는다면 그 일을 하는 것이 매우 지루하거나 고통스러울 수 있다. 그러나 그 일을 통해서 내가 얻는 것이 없다고 하더라도 내가 왜 그 일을 해야 하는지를 알고, 그 일이 중요한 일이라고 생각된다면 그 일은 재미있을 것이다. 설사 고통스럽다고 해도 적극적이며 긍정적으로 생각하면서 그 일을 수행할 수 있을 것이다. 바로 이것을 '가치'라고 칭한다.

어떤 사람은 돈보다는 명예를 중요시하고, 사회적 신분을 중요하게 생각한다. 또한 돈, 명예, 지위보다 사회와 타인을 위한 봉사에 더 많은 가치를 두는 사람도 있다.

가치관을 탐색하는 방법으로는

① 친구들과의 토론

② 종교집단에 참여

③ 가치관을 명료화할 수 있는 독서

④ 사회교육 프로그램에의 참여 등이 있다.

직업가치관 검사 실시하기 (Download)

적성, 흥미, 성격, 가치관 이외에도 신체적 조건, 자아개념 등이 내재적 정보에 포함된다.

2) 외재적 정보

개인적 차원	사회경제적 차원	교육적 차원
- 부모의 직업 학력 - 가정의 사회경제적 지위 - 가족구성원들의 특성	- 산업구조의 변화 - 산업기술의 혁신 - 인구증가 - 사회의 직업가치관	- 학교배경 - 교육정책

3) 나의 내재적 정보 체크하기

Q. 내가 남보다 노력을 적게 하고도 잘할 수 있는 것은 무엇인지 3가지를 적어보자.

① ____________________

② ____________________

③ ____________________

Q. 내가 흥미 있어 하는 활동은 무엇인지 3가지를 적어보자.
① ______ ② ______ ③ ______

Q. 나의 성격에 대해 기술해보자.		
성 격 분 류	장 점	
	단 점	

Q. 내가 직업 선택 시 가치 있게 생각하는 것 우선순위 3가지를 적어보자. (ex. 보수, 적성, 안정성, 기업규모, 복지시설 등)
① ______ ② ______ ③ ______

1.2 나의 과거-현재-미래는?

1) 과거, 나의 모습은?

현재의 '나'를 만든 것은 바로 과거의 '나'라는 사실을 누구나 알고 있을 것이다. 과거의 경험, 행동, 생각 등 다양한 요인들이 현재의 나를 만든 것과 마찬가지로 현재의 내가 하고 있는 경험, 행동, 생각들은 미래의 나를 만들어 간다. 그렇기 때문에 과거는 자신의 진로설계에 있어 중요한 부분을 담당하고 있다.

과거를 통해 나의 미래 모습을 바라보고 지금까지 만들어온 자신의 특성과 기질을 파악해보자. 너무 급하게 생각하지 말고 여유를 갖고 자신이 큰 인상을 받은 사건, 비교적 뚜렷하게 기억나는 경험, 자신에게 영향과 변화를 주었던 사건들을 적어보고 나는 어떤 사람이었는지, 어떤 장래희망을 꿈꾸고 있었는지, 나의 주 관심분야는 무엇이었는지 등 나의 과거를 보다 자세하게 살펴보자. 이를 통해 신뢰할 수 있는 과거 자신의 특징적인 능력이나 생활태도, 자신의 개성 등에 대한 분석결과를 얻을 수 있다.

	대학 입학 전의 '나' 알기
특 기	
대인관계	
흥미분야	
성격	
장점	
단점	
좋아하는 일(과목)	
싫어하는 일(과목)	
동아리 활동(특별활동)	
장래희망	
기억나는 에피소드	

2) 현재, 나의 모습은?

현재의 자신에 대한 이해는 과거 이해와 더불어 앞으로 내가 나아갈 미래를 준비하는데 있어서 반드시 필요한 과정이다. '현재 나의 상태는 어떠한가?', '내가 원하는 진로방향은?', '그 이유는?' 등 자신에게 질문을 던져 현재 나를 진단해보자.

현재 자신의 이해 및 진단결과는 자신의 진로설계를 위한 데이터이다. 자신이 원하는 직업, 머릿속으로 떠올리고 있는 자신의 미래상, 이 모든 것들은 현재의 자신이 선택하고 만드는 것이다. 특히 현재 자신의 대학생활에 대한 분석은 앞으로 내가 맞이할 취업준비에 있어 가장 큰 영향을 미친다는 것을 명심해야 한다. 자신의 대학생활은 자기소개서 작성, 면접전형 등 모든 취업과정에서 자신을 나타내고 표현하는 데이터가 된다.

<table>
<tr><th></th><th colspan="4">현재의 '나' 알기</th></tr>
<tr><td>학년/ 학기</td><td colspan="4"></td></tr>
<tr><td>입학년도</td><td colspan="2"></td><td>졸업(예정)년도</td><td></td></tr>
<tr><td>주전공</td><td colspan="2"></td><td>복수전공(부전공)</td><td></td></tr>
<tr><td>관심 분야</td><td colspan="4"></td></tr>
<tr><td>현재 목표</td><td colspan="4"></td></tr>
<tr><td rowspan="2">장점</td><td colspan="4"></td></tr>
<tr><td>활용 방안</td><td colspan="3"></td></tr>
<tr><td rowspan="2">단점</td><td colspan="4"></td></tr>
<tr><td>개선 방안</td><td colspan="3"></td></tr>
<tr><td rowspan="2">특기</td><td colspan="4"></td></tr>
<tr><td>활용방안</td><td colspan="3"></td></tr>
</table>

<table>
<tr><td rowspan="2">희망 직업</td><td colspan="4"></td></tr>
<tr><td>전 략</td><td colspan="3"></td></tr>
<tr><td rowspan="2">대학생활</td><td>기 간</td><td>소 속</td><td>활동 내용</td><td>느낀 점 & 배운 점</td></tr>
<tr><td></td><td></td><td></td><td></td></tr>
<tr><td rowspan="2">아르바이트</td><td>기간</td><td>소속</td><td>활동 내용</td><td>느낀 점 & 배운 점</td></tr>
<tr><td></td><td></td><td></td><td></td></tr>
<tr><td rowspan="2">자격증 취득</td><td>자격증명</td><td colspan="2">시행처</td><td>취득일(예정)</td></tr>
<tr><td></td><td colspan="2"></td><td></td></tr>
<tr><td rowspan="2">외국어</td><td>현재점수</td><td colspan="2">시행처</td><td>취득일(예정)</td></tr>
<tr><td></td><td colspan="2"></td><td></td></tr>
</table>

3) 미래, 나의 모습은?

자신의 과거, 현재에 대한 이해가 끝났으면 이제 자신의 미래상을 구체화할 차례이다. 어떤 직업을 선택하여 어떤 삶을 살 것인가? 이 물음에 대한 답을 구체화시켜 자신의 진로설계와 함께 진로목표(혹은 취업목표)를 설정할 수 있다.

이때 반드시 고려해야 할 점이 있다. 그것은 자신의 미래상을 너무 이상적이고 막연하게 그리지는 말아야 한다는 점이다. 자신을 의도적으로 만들어내는 것은 진정한 나 자신의 데이터가 될 수 없다. 자신의 미래도 결국 자신의 과거와 현재의 연속이다. 앞서 살펴본 과거와 현재의 자기이해 결과를 반영해 자신의 꿈이 무엇인지, 자신이 하고 싶은 것이 무엇인지, 그리고 그것을 위해서 무엇을 어떻게 진행시킬 것인지를 10년 단위로 계획해보자.

구 분	10년 계획 세우기	
	달성할 과업	전 략
20대		
30대		
40대		
50대		
60대		

1.3 심리검사를 이용해 나를 알기

각종 심리검사 이용은 자신에 대한 정보를 표준화된 검사를 통해 객관적으로 얻는 방법으로, 이는 자신을 파악하는 시간을 절약할 수 있다는 장점이 있다. 또한 자신의 능력수준, 성격유형, 적성분야, 가치관, 동기수준 등을 파악할 수 있다.

이러한 검사는 전문가의 도움을 받는 것이 좋으며, 검사 결과를 단정적으로 판단하는 것은 위험할 수 있으므로 유의해야 한다.

직업심리검사 실시기관	검사 가능한 직업심리검사
노동부 워크넷 (www.work.go.kr)	① 성인용 직업적성검사(무료) ② 직업선호도검사 S형/L형(무료) ③ 직업가치관검사(무료) ④ 창업진단검사(무료)
한국직업능력개발원 커리어넷 (www.careernet.re.kr)	① 진로개발준비도검사(무료) ② 이공계전공적합도검사(무료) ③ 주요능력효능검사(무료) ④ 직업가치관검사(무료)
한국심리검사연구소 커리어4U (www.career4u.net)	① MBTI성격유형검사(유료) ② STRONG직업흥미검사(유료)
한국가이던스 (www.guidance.co.kr)	① 홀랜드적성탐색검사(유료) ② KVCT직무역량검사(유료)

1.4 자기분석의 필요성

1) 자기분석은 진로설계와 직업선택의 첫 시작

대학 졸업 후 필연적으로 뛰어들 직업의 세계에서 성공을 실현할 수 있도록 대학에 진학한 많은 대학생들, 그들이 왜 사회적인 문제인 취업난의 주인공이 되었을까? 그 이유는 자신의 적성을 제대로 파악하지 못한 상태로 진로와 취업의 길에서 방황하거나 앞으로 나아가지 못하고 있기 때문이다. 대학 저학년 때부터 졸업 후 자신의 인생 목표를 향해 꾸준히 준비하고 구체적으로 인생 설계를 해두는 것은 성공적인 미래를 위하여 반드시 필요하다. 이때 반드시 놓치지 말아야 하는 것이 바로 자신에 대한 철저한 분석이다. 단순히 '취업해야겠다'가 아닌 '내가 잘할 수 있는 일은 무엇인가?', '내가 하고 싶은 일은 무엇인가? 그 이유는?' 등 자신에 대해 끊임없이 질문을 던지며 자신의 적성과 미래상에 맞는 일을 선택할 수 있어야 한다. 그러기 위해서는 먼저 현재 자신의 특성을 이해하고 자신의 소질을 찾아내는 과정이 필요하다. 즉, 자기 자신을 스스로 파악하여 그 결과를 자신의 전공 선택이나 직업 선택하는 과정에 반영시킬 수 있어야 한다. 현재의 자신만이 아닌, 현재의 자신과 연결되어 있는 자신의 과거를 되돌아보고 미래의 자신을 내다보면서 자신의 진로를 설계하고 직업을 선택할 때, 자신을 보다 경쟁력을 갖춘 인재로 만들 수 있다.

2) 자기분석을 통해 성공적인 인재로 발돋움할 수 있다.

우리는 스스로 자신의 문제점 혹은 약점을 인식하고 있을 것이다. 그렇지만 그것을 구체적으로 생각해본 적은 거의 없는 경우가 대부분이다. '언젠가 고쳐지겠지'라고 안일하게 생각할 수도 있겠고, 아예 큰 문제로 인식하지 않을 수도 있다. 그렇다면 자기분석 후 자신의 문제점을 진단하고, 그것을 꾸준히 개선시킬 전략을 세워 실행하면 나는 어떻게 달라질 수 있을까? 자신의 문제점, 단점, 약점을 극복한 후의 자신의 모습을 그려 본 적이 있는가?

성공적이고 행복한 삶은 주어지는 것이 아니라 스스로 나를 가꾸며 만들어 나가는 것이다. 즉 자신의 취약한 부분을 극복했을 때 자신 속에 내재해 있는 무한한 잠재능력을 깨워 자기계발에서 자기혁신으로, 더 나아가 스스로를 성공적인 인재로 만들어 나갈 수 있는 것이다.

이 과정에서 반드시 필요한 것이 현재 나의 취약점을 포함한 전체의 나를 만들어온 과정, 현재의 나의 상태와 문제점, 그리고 앞으로 내가 변화해야 할 방향에 대한 진단, 즉 자기분석이다.

자 기 분 석	⇒	진 로 설 계	⇒	직 업 선 택	⇒	성 공 적 삶

1.5 나를 사랑하는 방법

1) 자기애를 찾아라.

성공한 사람들에게 "인생에서 제일 중요한 것이 무엇이냐"고 물었을 때 그들 대부분은 '나 자신'이라고 대답한다. 이처럼 나 자신을 소중하게 여기는 것이 바로 자기애이다. 부족한 부분을 인정하며 자신을 사랑하는 건강한 사람이 되도록 노력하여야 한다.

만약 자신의 모습을 있는 그대로 받아들이지 못한다면 새롭게 변화되고 향상될 수 없으며, 더 성장할 수 없을 것이다.

2) 자신을 가치 있게 생각하라.

자신이 가장 중요하고 가치 있는 존재임을 깨닫는 것이 바로 자기 존중이다. 자신에 대한 믿음을 갖는 것은 각 개인의 내면에 강한 힘이 된다. 이것은 삶에 있어 필수적이다.

어려운 문제에 직면했을 때 우리는 자신이 믿고 있는 만큼 그것을 이겨 낼 수 있다. 자신에 대한 확신이나 존중감이 없다면 어려움을 견뎌 내지 못하고 쉽게 포기하게 된다.

그럼으로써 실패하게 되고, 점점 자신을 부정적으로 평가하게 된다. 자기를 존중하는 마음이 크면 클수록 역경에서 빨리 벗어날 수 있으며, 새롭게 시작하는 에너지를 더 많이 갖게 된다.

3) 자기 자신을 활용하라.

윌리엄 제임스는 '인간은 자신이 가지고 있는 가능성에 비해 그것을 활용하는 능력이 매우 작다'고 했다. 그러므로 더 적극적으로 자신에게 다가설 필요가 있다. 다른 사람만 못하다고 고민하지 말고 자신에게 주어진 능력을 최대한 활용. 다한다. 그렇게 잠재된 능력을 찾아 그것을 최대한 발휘하여 무언가 성취했을 때, 거기에서 자신에 대한 사랑이 시작된다.

과 제

1. 본인의 적성, 흥미, 성격, 가치관등의 내재적 정보와 가족구성원의 특성, 산업, 사회변화에 따른 외재적 정보를 A4용지 한 장 분량에 적으시오.

2. 1번에서 작성한 내용을 본인의 스마트폰의 동영상 촬영 기능을 이용하여 녹화하고 수업시간에 다른 친구들과 함께 보도록 한다.

3. 인터넷에서 진로개발 준비도검사와 MBTI 성격 유형 검사를 실시하고, 그 결과를 교과목 담당 교수님에게 제출한다.

2. 심리검사를 통해 알아보는 나

2.1 Holland 적성탐색검사

1) Holland 적성탐색검사란?

Holland 적성탐색검사는 미국의 심리학자인 Holland의 이론을 토대로 만들어졌다.

적성탐색검사는 일이나 활동 및 직업에 대한 흥미, 일이나 활동에 대한 능력의정도로서의 유능감, 그리고 성격적 특성 등에서 나타나는 직업적 성격유형을 찾아내는 검사이다.

Holland에 의하면 **개인의 성격유형**은 그 사람의 **직업선택 및 진로발달**에 중요한 영향을 끼친다고 한다.

또한 특정 직업에 종사하는 구성원들은 서로 유사한 성격 및 발달사를 가지고 있으며 다양한 상황에서도 유사한 방식으로 반응할 것으로 가정한다.

검사결과로 나타난 유형은 **전공의 선택이나 직업의 선택, 여가선택 등과 같은 사람의 성격적 특성에 적합한 직업적인 환경을 선택**하는 지표가 될 수 있다.

또한 단순한 전공 선택이나 직업선택에 그치는 것이 아니라 Holland의 6가지 유형을 근거로 한 자신의 진로유형을 이해하고, life style을 찾게 되면서 진학, 직업, 여가, 가정생활, 사회활동 및 은퇴계획에 이르기까지 자신의 진로유형의 관점에서 이해하고 선택하도록 도와준다.

2) Holland 적성탐색검사의 구성

Holland 적성탐색검사는 9부로 나누어진다. 아래의 순서로 구성되어 있으며 검사문항은 총 324문항, 소요예상시간은 50분 정도이다.

<table>
<tr><th>검사순서</th><th>구 성 내 용</th><th>검사순서</th><th>구 성 내 용</th></tr>
<tr><td>제1부</td><td>진로유형의 사전탐색</td><td>제6부</td><td>가치</td></tr>
<tr><td>제2부</td><td>전공학과 및 직업에 대한 사전탐색</td><td>제7부</td><td>직업흥미</td></tr>
<tr><td>제3부</td><td>활동적 흥미</td><td>제8부</td><td>능력평정</td></tr>
<tr><td>제4부</td><td>성격</td><td rowspan="2">제9부</td><td rowspan="2">진로유형코드,
전공학과 및 직업 찾기</td></tr>
<tr><td>제5부</td><td>유능감</td></tr>
</table>

3) Holland 적성탐색검사 결과의 활용

첫째, **대학생의 전공만족도나 진로를 선택하는데 유용한 지침**이 된다.

둘째, 기업의 신입사원 채용 시 **직무배치를 위한 지침**을 제공해 준다.

셋째, 직업의 변동 즉 **이직, 전직 등의 상담에 활용**될 수 있다.

넷째, 여가생활, 배우자 선택, 부부간의 성격적 이해와 관계개선 및 인간관계의 이해, 시민 봉사나 역할의 결정, 정년 후 은퇴시의 생활방식 등의 생애진로상담의 중요한 지침을 제공한다.

4) Holland 적성탐색검사를 받을 수 있는 곳

- ▶ [유료] 한국가이던스(www.guidance.co.kr) * 비용 : 18,000원
- ▶ [무료 or 유료] 대학별 종합인력개발원 및 취업지원실(대학 홈페이지 참고)
- ▶ [무료 or 유료] 한국청소년상담원(www.kyci.or.kr) 및 시도 청소년종합상담지원센터

※ Holland 적성탐색검사 외 적성검사의 종류

▶ 노동부(www.work.go.kr) : 성인용 직업적성검사

▶ 한국직업능력개발원(www.careernet.re.kr) : 직업적성검사

2.2 MBTI 성격유형검사

1) MBTI 성격유형검사란?

MBTI(Myers-Briggs Type Indicator)는 C. G. Jung의 심리유형론을 근거로 하여 Katharine Cook Briggs와 Isabel Briggs Myers가 보다 쉽고 일상생활에 유용하게 활용할 수 있도록 고안한 자기보고식 성격유형지표이다.

MBTI를 통해서 각자 선호하는 경향을 찾고 이러한 선호경향들이 하나하나 또는 여러 개가 합쳐져서 인간의 행동에 어떠한 영향을 미치는가를 파악한다. 이러한 자기이해를 토대로 독특한 성격유형을 알면, 타인을 이해하는 데도 도움이 된다. MBTI는 자기이해, 행동특성 이해, 타인 이해, 능력발휘와 진로 특성 이해, 직업의 선택 등 모든 분야에 적용이 가능하다.

2) MBTI 성격유형검사의 구성 및 유형

MBTI 검사지는 모두 95문항으로 구성되어 있고, 4가지 선호경향으로 분리되어 있다. 선호경향은 교육이나 환경의 영향을 받지 않은 상태에 인간에게 잠재된 선천적 심리 경향을 말하며 4가지 이분척도에 의해서 둘 중 하나의 지표에 속하게 된다.

지표	선호경향	주요활동
외향(E) - 내향(I)	에너지의 방향은 어느 쪽인가?	주의초점
감각(S) - 직관(N)	무엇을 인식하는가?	인식기능
사고(T) - 감정(F)	어떻게 결정하는가?	판단기능
판단(J) - 인식(P)	채택하는 생활양식은 무엇인가?	생활양식

네 가지 선호지표를 조합하여 <u>16가지 유형</u>으로 나타나며 이를 통해 MBTI를 이해하고 응용할 수 있다. 이 16가지 유형도표를 통해 사람들 간의 상호작용을 쉽게 이해하고 서로가 서로를 더 잘 알 수 있도록 하는데 목적을 두고 있다.

SITJ 세상의 소금형	ISFJ 임금뒷편 의 권력형	ISTP 백과 사전형	ISFP 성인 군자형	ESTP 수완좋은 활동가형	ESFP 사교적인 유형	ESTJ 사업가형	ESFJ 친선도모형
INFJ 예언자형	INTJ 과학자형	INFP 잔다르크 형	INTP 아이디어 뱅크형	ENFP 스파크형	ENTP 발명가형	ENFJ 언변능숙형	ENTJ 지도자형

3) MBTI 성격유형검사의 활용범위

MBTI는 그 동안 상담과 심리치료에 유용한 도구로 사용되어 왔다. 1980년대 이후, 교육 및 인간관계훈련 전문가들에 의해 인사관리, 인력개발, 조직개발 등 다양한 분야에 활용되고 있다. 특히, **MBTI는 특정 영역의 심리나 정신병적 진단을 위한 것이 아니라, 자신의 성격유형을 보다 잘 이해하기 위한 성격검사**라는 점에서 긍정적으로 받아들여지고 있다.

4) MBTI 성격유형검사를 받을 수 있는 곳

▶ [유료] 온라인 심리검사센터(http://www.career4u.net)
▶ [무료 or 유료] 대학별 종합인력개발원 및 취업지원실(대학 홈페이지 참고)

※ MBTI 관련 사이트

▶ 한국MBTI연구소 (http://www.mbti.co.kr)

▶ 한국심리검사연구소 (http://www.kpti.com)

2.3 에니어그램

1) 에니어그램이란?

에니어그램(enneagram)은 '9'를 의미하는 희랍어의 'ennea'와 '문자' 또는 '점(點)'을 뜻하는 'gramma'의 합성어이다. 인간은 '9가지 성격유형'으로 나타난다고 분리하고 어떤 사람이라도 그 중 하나를 가지고 태어난다고 보고있다.

2) 에니어그램의 장점 및 활용

① 삶의 궁극적 목적인 자아실현을 도모한다.

② 삶의 에너지의 균형을 이루게 하여 자기 자신을 발견하도록 한다.

③ 에니어그램 분석 결과를 바탕으로 성격의 개선과 커뮤니케이션 기술을 재 습득할 수 있으며 이를 통해 평생의 인격 개발과 다른 사람에 대한 이해 증진을 높여 자신의 인간관계를 개선할 수 있다.

④ 자신 속에 내재해 있는 무한한 잠재능력을 개발하고, 집착을 버리고, 아홉 가지 성격을 균형 있게 발전시키고, 통합을 이룰 수 있다.

⑤ 억압하고 있는 요소로부터 자신을 해방하고, 우리의 변화 가능성을 발견할 수 있다. 또한 이를 통해 자기 계발과 자기 혁신은 물론이고 나아가 가족 계발, 교회나 사찰 등 공동체 개발, 조직 개발, 사회개발의 도구로서 에니어그램 분석 데이터를 활용할 수 있다.

3) 에니어그램의 유형

에니어그램은 사람의 성격을 아래와 같이 총 9가지 유형을 나누고 있다.

1Type 개혁가 : 완벽함을 추구한다.	2Type 조력가 : 타인에게 도움을 주려 한다.

3Type 성취자 : 성공을 추구한다.	4Type 예술가 : 특별한 존재를 지향한다.
5Type 사색가 : 지식을 얻어 관찰한다.	6Type 충성가 : 충실하고 안전을 추구한다.
7Type 낙천가 : 즐거움을 추구하고 계획한다.	8Type 지도자 : 강함을 추구해 주장이 강하다.
9Type 조정자 : 조화와 평화를 바란다.	

4) 에니어그램을 받을 수 있는 곳

▶ [무료] Anylover (http://www.anylover.com)
에니어그램코칭센터(http://www.39ennea.co.kr)

▶ [유료] 에니어그램파워 (http://www.9-mind.com) * 비용 : 20,000원
한국에니어그램교육연구소(http://www.kenneagram.com)

▶ [무료 or 유료] 대학별 종합인력개발원 및 취업지원실(대학 홈페이지 참고)

과 제

1. Holland 적성탐색검사를 실시하여 자신의 직업적 성격유형을 찾아낸다.

2. MBTI 성격유형검사를 실시하고, 우리대학교 취업지원실에서 자신의 성격에 대한 진단을 받는다.

3. 우리대학교 취업지원실에서 애니어그램 성격유형검사를 실시하여 자신의 성격에 대한 진단을 받는다.

3. SWOT 분석을 통해 알아보는 나

3.1 SWOT 분석이란?

Strength	Weakness	Opportunities	Threats
강점	약점	기회	위협

SWOT는 Strength 강점, Weakness 약점, Opportunities 기회, Threats 위협의 합성어이다. SWOT 분석이란 SWOT를 이용하여 문제를 분석하는 것이다.

본래 SWOT 분석은 기업의 환경분석을 통해 강점(strength)과 약점(weakness), 기회(opportunity)와 위협(threat) 요인을 규정하고 이를 토대로 마케팅 전략을 수립하는 기법이다. 그러나 최근에는 이를 응용하여 자신의 대한 분석방법 중 하나로 많이 활용하고 있다.

SWOT 분석을 통해 자신의 강점과 약점은 무엇인지 생각해보고 자신을 둘러싼 가정, 학교, 사회 및 지구촌 환경이 자신에게 제공하고 있는 기회와 위협요소는 무엇인지 분석해보자. 분석 결과를 바탕으로 자신의 인생의 목표를 보다 구체화시키고 이를 달성하기 위한 전략을 수립해보자.

지피지기(知彼知己)면 백전불패(百戰不敗)

지피지기면 백전불패, 이 말은 상대를 알고 나를 알면 백 번 싸워도 위태롭지 않다는 뜻으로 상대방과 자신의 약점과 강점을 알아보고 승산이 있을 때 싸워야 이길 수 있다는 의미이다. 여기서 상대방은 자신을 둘러싼 외부환경으로 바꾸어 생각해볼 수 있다.

즉, 이 말은 나 자신의 약점과 강점을 제대로 알고, 그리고 자신을 둘러싼 외부 환경을 분석하여 보다 확실하고 달성가능한 목표를 세워 실행해야 한다는 의미이다. 지금 나 자신을 발전시킬 목표는 무엇인지를 분명히 하고, 그 목표를 막연히 이상적으로만 설정하는 것이 아니라 나와 주변 환경을 분석하여 보다 달성 가능한 목표로 바꿀 수 있어야 한다. 이는 분명 성공적인 미래로 한 걸음씩 나아갈 수 있는 지름길이 될 것이다.

3.2 SWOT 분석 방법

SWOT 분석은 크게 내부환경 분석과 외부환경 분석으로 나누어 실행할 수 있다.

내부환경 분석	경쟁자와 비교하여 나의 상황을 Strength(강점)과 Weakness(약점)을 이용하여 분석한다.

외부환경 분석	자신을 제외한 모든 것을 Opportunities(기회)와 Threats(위협)을 이용하여 분석한다.

위 분석 결과를 바탕으로 나의 적성을 파악하고 목표달성을 위한 전략을 수립할 수 있다.

각각의 분석방법은 다음과 같다.

1) 내부환경 분석(Strength, Weakness)

강점 (Strength)	자신의 핵심역량이나 다른 사람과 비교하여 경쟁우위라고 생각되는 사항이나 전공, 지식, 특기사항, 경험 등의 요소들을 정리한다.

약점 (Weakness)	자신에게 부족한 점, 좋지 않은 습관이나 버릇 등 자신에게 약점으로 작용되는 요소들을 정리한다.

☞ 내부환경을 분석할 때에는 다음과 같은 점을 꼭 유의하자.

첫째, 가능한 많은 사람으로부터 자신에 대한 정보를 최대한 수집하도록 한다. 부모, 형제자매, 친구, 지도교수 등 자신의 주변의 모든 사람을 활용해 정보를 수집하면 미처 인식하지 못했던 자신에 대한 정보를 많이 습득할 수 있다.

둘째, 경쟁자와 비교하여 자신의 강·약점을 분석한다. 경쟁자와 비교해보았을 때 나의 강점과 약점이 보다 뚜렷하게 드러날 수 있다.

셋째, 강·약점의 내용은 현재 자신이 보유하고 있는 자원으로 한다. 자신이 지향하는 강·약점이 아닌, 현재 나 자신이 갖춘 자원들을 솔직하게 분석하는 것이 좋다.

넷째, 강·약점의 내용은 필요시 동원과 활용이 가능한 자원으로 한다. 즉 강·약점 각 요소들은 자신이 실제로 활용한 경험이 있던 것, 혹은 필요시 적합한 상황에서 충분히 활용할 수 있는 것들로 분석한다.

2) 외부환경 분석(Opportunities, Threats)

기회요인 (Opportunities)	사회변화의 트렌드나 사회적 · 문화적 · 기술적 · 환경 · 정보 · 산업적 요인, 고객이나 시장요인, 경쟁자와의 관계요소들을 정리한다.

위협요인 (Threats)	외부 환경으로부터 위협이 되는 사항들을 정리한다. 정치, 사회, 문화, 기술, 환경, 정보, 산업, 시장, 고객, 경쟁자 등에서 자신의 목표를 이루는 데 있어 위협이 될 만한 요소들을 정리해본다.

☞ **외부환경을 분석할 때에는 다음과 같은 점을 꼭 유의하자.**

첫째, 자신을 제외한 모든 것(정보)을 기술한다. 좋은 쪽으로 작용하는 것은 기회로, 나쁜 쪽으로 작용하는 것은 위협으로 분류한다.

둘째, 각 요소들 사이에 인과관계가 있는 경우 화살표로 연결한다. 자신이 갖고 있는 여러 요소들의 관계를 한눈에 파악할 수 있게 된다.

셋째, 동일한 정보라도 자신에게 긍정적으로 전개되면 기회로, 부정적으로 전개되면 위협으로 분류한다. 현재 자신의 상황이나 문제 직면 상태에 따라 동일 정보라도 그 성격이 달라짐을 반드시 유의해야 한다.

넷째, 언론매체, 개인 정보망 등을 통하여 입수한 상식적인 세상의 변화 정보를 시작으로 자신에게 미치는 영향을 순서대로 점차 구체화시킨다.

3.3 SWOT 분석 예 살펴보기

자신의 SWOT 분석을 실시하기 전에 먼저 SWOT 분석의 예시들을 살펴보도록 하자.

보다 효과적인 SWOT 분석을 하고 적절한 전략을 세우기 위해서는 먼저 SWOT 분석 전에 자신을 둘러싼 사전 정보들을 파악해야 한다. 현재 자신은 어떠한 상황에 처해 있는지, 그 상황에서 해결해야 할 과제나 문제는 무엇인지, 각 문제나 과제의 중요도나 해결순서는 어떠한지 등을 먼저 파악해보자.

1) 분석 전 사전 정보 파악하기 〈예시〉

문 제	K대학 유아교육과 1학년 학생인 A양은 전공이 적성에 맞지 않아 학교 가는 것이 싫다. A양은 유아교육학을 전공하면서 사회복지학 공부를 해볼 것인가 말 것인가를 고민하고 있다. A양이 졸업 후 사회복지사가 되고 싶은 이유는 경쟁하는 직업보다는 남을 돕는 일이 자신이 편하고 보람찬 일일 것 같다고 말한다. 하지만 사회복지사라는 직업이 자신의 적성에 맞을지는 해보지 않고서는 모르기 때문에 더욱 갈등이 된다고 말한다.
상 황	2011년 대학 1학년 1학기
목 적	사회복지사가 자신의 적성과 맞는지 맞지 않은지 분석해보고 전략을 수립
분 석 순 서	외부환경 분석 → 내부환경 분석

자신을 둘러싼 사전 정보들을 파악해 현재 상황의 해결과제 및 문제들을 정리하고, SWOT 분석을 실시할 준비가 되었다면 이제 직접 분석을 실행하고 전략을 수립할 차례이다. SWOT 분석은 말로 하거나 문장으로 기술해도 좋지만 보다 명확한 분석과 전략수립을 위해서는 다음과 같은 양식(표)을 활용해 실시하는 것이 좋다.

2) SWOT 분석 실행 〈예시〉

• 핵가족화 → 전통윤리의식 희미 → 청소년 문제와 범죄 증가 • 고령화 사회 → 평균 수명 연장 → 노인문제 발생 • 환경오염 → 질병, 돌연변이 발생 → 장애인 증가 • 전문 직업 인식 증가 → 국제기구, 해외활동 가능성 • 성별, 나이에 구애 없음 → 평생직장으로 매력 있음	• 많은 업무량에 비해 보수가 적음 • 사회복지사 자격증을 요함 • 전문 직업으로 인식 증가 → 많은 이들이 사회 복지사 자격증 취득 도전 → 경쟁증가 → 공급과잉현상
Opportunities	Threats
Strength	Weakness
• 나의 이익보다는 남을 돕는 것을 좋아함 • 친구의 고민 등을 상담해주는 것이 즐거움 • 평소 심리학, 상담 관련 책자를 즐겨 읽음 • 평소 대화하는 것을 좋아함 • 남에게 친절하고 정직함 • 영어회화능력 탁월	• 사회복지학을 주 전공으로 하는 학생들보다 두 배 이상의 시간투자를 해야 하므로 시간이 여의치 않음 • 문제를 객관적으로 보는 능력이 부족함 • 경쟁하기를 좋아하지 않음 • 설득하거나 협상능력이 부족함

3) SWOT 전략 수립하기 〈예시〉

	[기회] - 전문 직업으로의 인식 증가 → 국제기구나 해외 활동 가능성 있음	[위협] - 많은 업무량에 비해 보수가 작음, 평균 130만 원 수준임 - 전문 직업으로 인식 증가 → 많은 이들이 사회복지사 자격증 취득에 도전 → 경쟁증가 → 공급과잉현상
[강점] - 평소 심리학, 상담 관련 책자 즐겨 읽음 - 영어회화능력 탁월	- 평소 상담과 심리학적 지식을 토대로 사회복지사 자격증 준비 - 영어능력을 활용할 수 있는 국제기구 NGO 활동	- 민간사회복지기관보다 국제기구에서 일한다면 보수 문제는 어느 정도 해결될 수 있음 - 평소 심리학, 상담 관련 책자를 즐겨 읽은 것을 토대로 남보다 빨리 사회복지사 자격증을 취득할 수 있음
	SO 전략	ST 전략
	WO 전략	WT 전략
[약점] - 전공자들보다 많은 시간투자 필요 - 설득 협상 능력 부족	- 인터넷 동영상 특강 듣기 등 하루 24시간의 철저한 시간관리가 필요함 - 설득능력, 협상능력이 부족해도 입사해서 실무업무를 통해 능력을 꾸준히 개발할 수 있음	- 평균 임금보다 더 많이 주는 기관이나 단체를 탐색 - 설득이나 협상능력이 덜 필요한 직무를 수행

4) 실천 전략 선택하기 〈예시〉

SWOT 전략 중 이번 학기에 현재 실천하고자 하는 전략을 선택해 나만의 전략으로 새롭게 만들어보자. 실행력을 높일 수 있도록 재미있는 전략 이름을 만들어 붙여 보는 것도 좋다.

전 략 명	EX) 아자아자! 컴퓨터 활용능력 2급
구 체 적 실 천 방 안	• 주 3회 컴퓨터 활용능력 필기 공부 1시간씩 수행 • 정기시험 or 상시시험 중 선택하여 시험 접수하기 • 주 1회 컴퓨터 활용능력 실기 미리 조금씩 연습하기

3.4 나의 SWOT 분석

이제 나 자신을 SWOT 분석해 자신의 경쟁력을 파악해보고, 자신의 목표달성을 위한 전략, 그리고 자신이 갖춘 경쟁력을 보다 향상시킬 수 있는 전략들을 스스로 수립해보자.

1) 분석 전 사전 정보 파악하기

문 제	
상 황	
목 적	
분 석 순 서	

2) SWOT 분석 실행

Opportunities	Threats
Strength	Weakness

3) SWOT 전략 수립하기

	[기회]	[위협]
[강점]		
	SO 전략	ST 전략
[약점]	WO 전략	WT 전략

4) 실천 전략 선택하기

전략 ①	
구체적 실천 방안	
전략 ②	
구체적 실천 방안	

과 제

1. 3.4에 있는 나의 SWOT 분석을 실시하여 자신의 경쟁력을 파악하고, 자신의 목표달성을 위한 전략, 그리고 자신이 갖춘 경쟁력을 보다 향상시킬 수 있는 전략들을 스스로 수립한다.

2. 나의 SWOT 분석과 수립한 전략을 프리젠테이션 자료를 만들고, 교과목 담당 교수님에게 제출한다.

3. 제출된 자료 중에서 잘된 자료를 다른 학생들과 교과목 담당 교수님 앞에서 발표한다.

4. 자기소개서란?

① 자기의 이름, 경력, 직업 따위를 남에게 알리는 글

② 보통 A4 1~2장 분량으로 자신의 전부를 압축하여 알리는 글

자기소개서는 입사하고자 하는 기업에 자신을 소개하는 글이다. 이력서가 개개인을 개괄적으로 이해할 수 있는 기초 자료라면, 자기소개서는 개인의 신상명세로는 파악할 수 없는 대인관계, 조직에 대한 적응력, 경력, 성격 등 개인을 보다 깊고 구체적으로 이해할 수 있다. 때문에 자기소개서는 서류전형에서 당락에 영향을 미치는 것은 물론이거니와 면접의 기초가 된다.

자기소개서를 작성하는 일정한 양식이 따로 있는 것은 아니다. 자기소개서는 성장과정, 성격의 장·단점, 학창시절, 입사지원동기 및 포부 등을 담는 것이 일반적이지만 온라인 지원이 많은 대기업의 경우 기업마다 다른 자기소개서 양식이 정해져 있기도 하다.

2.1 기업에서 자기소개서를 요구하는 이유

자기소개서는 특정한 기업에 입사하기 위해서 작성하는 '의도된 글'이다. 따라서 본인의 입장에서 보면 지원하는 기업에는 자신이 적합하다는 것을 표현하는 글이 되어야 하고, 기업의 입장에서는 회사가 필요로 하는 사람을 선택할 만한 요소를 발견할 수 있는 글이어야 한다.

그렇다면 기업의 인사결정권자는 몇 장의 글을 통해 무엇을 파악하는 것일까? 그것을 알기 위해 기업이 왜 자기소개서를 요구하는지에 대해 알면 그 답은 명확해진다. 기업이 자기소개서를 요구하는 이유를 세분화하면 다음과 같다.

1) 성장배경 등을 통해 지원자의 성격과 인생관을 파악한다.

자기소개서에 나타난 가정환경과 성장과정을 통해 개인의 성격이나 가치관, 인생관을 파악하고 학교생활이나 동아리활동을 통해 그 사람의 대인관계나 조직에 대한 적응 · 성실성 · 책임감 · 창의성 등을 파악할 수가 있다.

2) 지원 동기나 장래성을 파악한다.

지원자가 어떠한 동기로 입사지원을 했는지 파악하고, 입사 후에는 어떤 비전(vision)을 가지고, 어떤 자아로 일할 것인지를 파악할 수 있다. 따라서 그 지원자의 장래성을 예측 파악할 수 있다.

3) 문서작성능력과 논리전개능력을 파악한다.

조직사회에서는 업무진행이나 의사전달과정이 주로 문서(글)로 이루어지고 있다. 따라서 자신의 의견을 문서(글)로 표현하는 능력을 파악한다. 그러므로 기업은 자기소개서에 나타난 소재선택과 글의 전개능력은 물론 논리적 전개능력 등을 파악할 수 있다. 뿐만 아니라 필체나 소개서 작성상태 등을 통해 그 사람의 성격파악에도 도움이 된다.

4) 면접의 자료가 될 뿐 아니라 입사 후에도 개인 신상 자료로 활용된다.

입사를 위한 마지막 과정이라 할 수 있는 면접 때 면접관은 지원자의 자질과 능력을 파악하고 평가하기 위해 여러 가지 질문을 하게 된다. 자기소개서는 성적증명서 이력서 등과 함께 질문을 위한 구체적인 정보나 자료가 될 뿐 아니라 입사 후에도 개인 신상에 대한 중요 문건으로 보관 활용하게 된다.

2.2 합격하는 자기소개서 작성하기

1) 남들이 모르는 회사정보를 녹이자.

인사담당자가 원하는 자기소개서를 잘 작성하기 위해서는 입사하고자 하는 기업에 대해 충분한 파악이 이루어져야한다. 무조건 '사랑합니다.'라는 고백식의 문구는 누구나 할 수 있는 것이며, 컴퓨터가 보편화 된 요즘 시대에는 온라인을 통해 회사정보도 손쉽게 접할 수 있다. 그렇기 때문에 기업의 이념, 비전, 인재상 등은 기본으로 알고 회사의 내부인맥을 활용하는 등 남들이 얻기 힘든 정보를 얻어 어필하는 것이 필요하다.

2) 표현 방법을 차별화시키자.

인사담당자들은 수많은 자기소개서를 접하게 된다. 그렇기 때문에 자신만의 개성 있고 차별화 된 나만의 자기소개서를 작성하는 것이 필요하다. 그렇다면 어떻게 차별화 할 수 있을까? 방법은 바로 '스토리텔링'이다. 스토리텔링은 지원자를 이야기 형식으로 전달해 면접관을 각인시키는 마케팅 기법으로 자신을 효과적으로 알릴 수 있다. 이미 미국 MBA 입학지원에서는 자기소개서를 스토리텔링 방식으로 작성하지 않으면 탈락할 정도이다. 이야기 형식으로 전달한다면 읽는 재미도 더 하지 않을까?

3) 소셜 활동도 경쟁력이다.

SNS(Social Network Services)는 자신을 나타내고 또 증명할 수 있는 좋은 수단이다. 실제 지난 해 조사에 따르면 기업 인사담당자의 19.5%는 지원자의 SNS에 접속해 본 적이 있는 것으로 나타났고 21.5%는 SNS 주소를 기재하게 하고 있다. 이는 인사담당자에게 새로운 채널에 빠르게 적응하고 사회성이 높다는 인식을 심어줄 수 있고, 앞으로 SNS의 바람이 더욱 거세게 불 것으로 예상되기 때문에 자신의 인맥, 인품과 취업에 대한 열의 등을 보여줄 수 있도록 관리하여 이를 적극적으로 활용하는 것도 전략이다.

4) 숨겨진 문항의 의도를 파악하자.

자기소개서는 회사에서 요구하는 것이므로 "대충 형식만 갖춰 쓰면 되지 않을까"라고 생각할 수도 있는데 자기소개서의 각 항목에는 인사담당자들의 숨은 의도가 있다. 인사담당자는 자기소개서를 통해 지원자의 지적 능력, 인성과 가치관, 책임감, 관심분야에 대한 전문성, 성실성, 비전 등을 꼼꼼히 파악하고자 한다.

5) 간결하면서 명확한 문체를 사용하자.

자기소개서는 이력서와 마찬가지로 쓸 이야기는 다 쓰되 장황하지 않고 은유적이지 않으며 간결한 문체의 단문을 사용하는 것이 요령이다. 대다수 지원자들이 지나친 수사법을 쓰거나 시를 쓰는 것처럼 추상적으로 표현하는데 이는 금물이다. 즉, 문장은 간단·명료하면서도 구체적이고 현실성 있는 어휘를 사용해야 하며, 설득력과 논리를 갖추어야 한다. 이것은 면접관이 빠르고 쉽게 읽어 내려가게 만들고 지루함도 덜 느끼게 만든다. 접속사나 비유의 남발은 오히려 생각을 분산시킬 뿐이다. 또한 한자는 꼭 필요한 곳에만 적절하게 사용하는 것이 문장의 흐름에 도움이 된다.

6) 진솔하게 작성하자.

자기소개서 역시 과장되거나 거짓된 내용이 있어서는 안 된다. 부족한 것을 감추거나 자신을 더욱 돋보이게 하려고 없는 경험을 허위로 만들거나 사실보다 과장되게 서술하는 것을 주의해야 한다. 가정형편이 어려웠다거나 하는 것들을 부끄럽게 생각할 필요는 없다. 오히려 그것을 어떻게 극복했는지 그것으로부터 얻은 교훈과 배움이 있었는지 표현한다면 오히려 장점이 되어 면접관에게 깊은 인상을 심어 주게 된다. 그리고 사람은 누구나 단점이 있음에도 불구하고 장점만 기술하거나 '무엇이든 잘 한다'와 같이 누구나 말할 수 있는 과장 된 문구는 피해야 한다.

7) 충분한 시간을 갖고 작성하자.

대부분의 지원자들이 시간이 없거나 귀찮다는 핑계로 여기저기에 제출한 한 가지 자기소개서를 대충 수정해서 지원하는데 이는 실패 횟수를 늘리는 것이다. 자기소개서는 충분히 시간적인 여유를 가지고 자기분석을 통해 자신의 장점과 단점을 파악하고 원하는 회사를 선정하여 그 회사의 비전, 인재상 등을 집중적으로 분석하여 연구하여 자기소개서를 작성해야 한다. 그리고 이를 연결시켜 자기소개서를 작성한 후 면접관의 입장에서 객관적인 마음으로 문장이나 문맥이 자연스럽고 논리적으로 연결되어 있는지 검토해야 한다.

8) 자기소개서의 호감형 vs 비호감형

호감형 키워드	비호감형 키워드
• 조직에 잘 융화될 수 있는 인재임을 보여주는가. (팀워크, 책임감과 협동심이 많은, 친구가 많은, 원만한 등) • 뚜렷한 지원동기와 목표가 있는가. (○○분야의 전문가가 되고 싶습니다. 등) • 지원하는 회사에 대한 관심과 하고자 하는 열정이 있는가. (대학생들이 가장 가고 싶어하는 귀사는, 지원회사명 기입 등, 회사를 ○○하게 만들어가겠습니다. 등) • 막연한 수식어 (부사, 형용사) 보다는 구체적인 명사 사용이나 사례를 들어 자신의 능력·성격을 표현하는 것	• 무대포 정신 (~뽑아만 주신다면, 약속드립니다. 무슨 일이든 열심히, 일하면서 열심히 배우겠습니다. 등) • 군더더기 ("나는"이나 "저는"으로 시작하는 문장 중복, 솔직히 말씀드리면, 단점이 있으나 등) • 틀에 박힌 듯한 (엄격하지만 자상하신 부모님의 가르침 아래 , 준비된 인재 등) • 자랑하는 듯한 (일류 최고의, 우등생, 반장, ○○업무를 전담했습니다. 등) • 여러 번 써먹은 듯한 자기소개서

인사담당자들은 자사에 맞는 인재인지를 판단하는데 중점을 두기 때문에, 이력서를 읽는 짧은 시간 내에 호감을 얻을 수 있도록 내용을 구성해야 한다. 같은 식상한 문구라도 이를 뒷받침할 사례가 있느냐 없느냐에 따라 호감도가 달라질 수 있으므로 자신의 주장을 충분히 뒷받침할 수 있는 사례를 제시하자. 또한 지원하고자 하는 회사의 인사담당자 입장에서 어떤 사람을 뽑을 것인가를 고려해 작성한다면 좀 더 쉽게 작성할 수 있다.

2.3 자기소개서에서 중요하게 보는 항목

2010년 11월, 한 온라인 취업포털 사이트에서 인사담당자 349명을 대상으로 '서류전형 평가'에 대해 조사한 결과, 이같이 나타났다. 서류전형평가 방법으로는 절반이 넘는 57.3%가 '중요한 항목만 꼼꼼하게 검토한다.'를 선택했다. 그렇다면 인사담당자들이 자기소개서에서 가장 중요하게 보는 항목은 무엇일까?

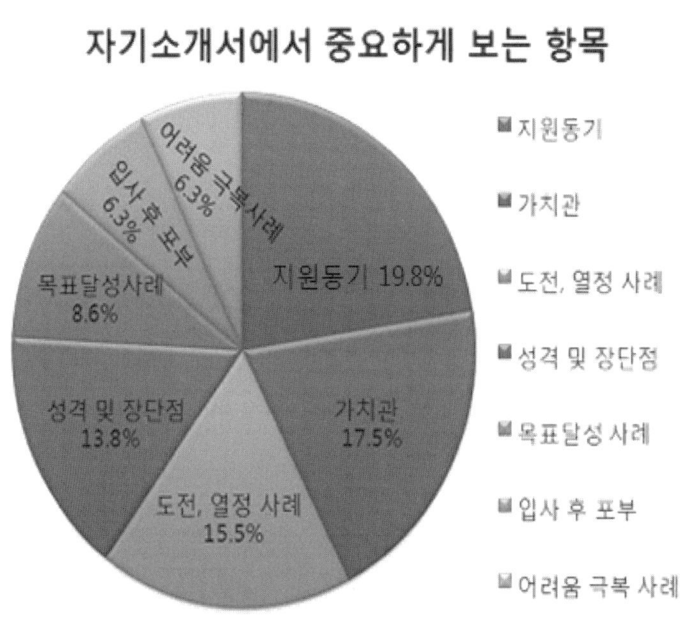

자기소개서 중 가장 중요하게 보는 항목은 **'지원동기'**(19.8%)였다. 그리고 뒤를 이어, 비슷한 스펙의 지원자들 중에서는 회사에 대한 애사심과 업무에 대한 열정을 알 수 있는 중요한 요소인 가치관, 도전과 열정 사례, 성격 및 장단점 등을 꼽았다.

포털사이트에서는 "입사지원서를 작성할 때는 기업이 지원자에게 궁금해 하는 것이 무엇인지 파악하고 이를 두괄식으로 작성하는 것이 유리하다."라며 "또한, 작은 실수로 탈락하는 일이 없도록 반드시 탈고의 과정을 거쳐야 할 것."이라고 덧붙였다.

2.4 자기소개서 항목별 작성 방법

1) 지원동기 및 입사 후 포부
• 지원회사에 대한 기업분석(기업이념, 경영철학, 인재상 등)은 기본으로 숙지하라. • 자신의 흥미, 적성, 비전이 입사희망 기업과 직무에 얼마나 부합하는지를 근거 있게 제시하라. • 언제부터 입사 희망기업에 대한 관심을 가지게 되었고, 이 직무를 수행하기 위해 지금까지 어떤 노력을 기울였는지를 설득력 있게 어필하라. • 입사 후 3~5년 이내 직무관련 경력개발계획을 제시할 수 있어야 한다.
2) 성장과정
• 유년시절~고등학교시절까지의 자신만의 경험을 기술하라. • 칭찬받았던 경험, 무엇인가에 몰입했던 경험, 남들이 관심을 기울이지 않던 새로운 분야에 대한 흥미나 관심, 그것을 선택한 이유 등을 떠올려라. • 부모님의 특별한 가르침이나 성장과정에서 자신에게 많은 영향을 준 은사나 주변인물에 대해 언급하는 것이 설득력을 높인다.

3) 성격의 장•단점
• 장점을 부각하되 단점 보완 노력을 기술하라. • 지나친 단점을 부각하는 것은 오히려 역효과 (Ex. 저는 게으릅니다.) • 장점이자 단점이 될 수 있는 것을 단점삼아 표현하라.(Ex. 너무나 신중해서 때론 시간을 많이 지체할 때가 있습니다. 하지만 일처리에 있어 실수가 없습니다.)
4) 학창시절
• 대학시절 경험을 위주로 기술하라. • 동아리활동, 봉사활동, 아르바이트, 해외연수, 공모전, 국토대장정, 배낭여행, 어학능력개발, 관심분야 자격증 취득 등 실례를 들어 기술하라. • 너무나 많은 경험을 나열하는 식의 기술을 피하라. • 그 경험 속에서 나는 어떤 역할을 했으며, 어떤 결과를 얻었는지, 그 경험을 통해 무엇을 배웠고 깨달았는지에 대한 내용이 포함되어야 한다. • 그 경험이 희망직무관련 경험과 연관되면 더욱 좋다.

☞ 요즘에는 자기소개서 항목이 다양화되고 구체화 되고 있기 때문에 목표 기업을 정해 그 회사에서 요구하는 자기소개서 항목에 맞게 자기소개서를 준비해야 한다.

Ex) - 창의력을 발휘하여 문제를 해결한 사례

- 어려움을 극복하고 성과를 낸 사례

- 리더십을 통해 조직의 역량개선이 기여한 경험 등

2.5 이메일 자기소개서 작성법

최근 우편이 아닌 이메일을 통해서만 이력서, 자기소개서를 접수 받는 기업들이 늘고 있다.

1) 이메일 제목에 이름(본명)과 지원 분야를 반드시 기재하라.

채용담당자는 하루에 수백 통의 이메일을 받기 때문에 중요한 이력서가 스팸 메일로 오해 받는 일이 없도록 해야 한다. 따라서 제목에 입사지원 서류임을 알 수 있도록 이름(본명)과 지원 분야를 반드시 기재하는 것이 좋다. 또한, 첨부파일명에도 이름과 지원 분야를 기재한다.

2) 한 번의 클릭으로 모든 서류가 보이도록 하라.

이력서, 자기소개서 등 각종 서류들은 한 번의 클릭으로 모두 보이고 출력이 가능하도록 하며 첫 페이지에는 지원 분야, 성명, 지원 서류 목차를 적어 채용담당자를 배려하는 정성이 필요하다. 가능하면 번거로운 압축파일은 피하는 것이 좋다.

3) 튀는 제목을 곁들이는 것도 좋은 방법이다.

수많은 원서들 중 자신을 돋보이도록 튀는 제목으로 눈길을 끌도록 하자.

예시) '절 면접 보실 기회를 드리겠습니다.'
'다른 회사 좋은 일 시키실 분은 아니시죠?'
'불을 댕기십시오. 제가 기름을 붓겠습니다.'

4) 메일본문은 간략하게 작성하라.

달랑 자기소개서만 첨부파일로 보내고 메일 본문에는 아무 내용도 없는 메일을 보낸다면 적극적인 구직의사가 없는 사람으로 간주되기 쉽다. 짧은 인사와 함께 지원 분야, 전공, 연락처 등 간단한 인적사항과 지원동기를 눈에 잘 띄는 글씨체로 한 눈에 보기 쉽게 서너 줄로 간략하게 작성하자.

2.6 함께 해 볼까요?

1) 자기소개서 작성 전 준비

지피지기면 백전백승!	
자기 분석	**기업 분석**
나의 장/단점	기업의 이념 및 경영 목표
나의 심리검사 (MBTI, Holland..)	기업 문화
나의 취미 및 특기	인재상
나의 목표	비전
나의 비전	요구하는 능력

2) 기본 자기소개서 작성하기

실제 자신이 입사하고 싶은 기업에 지원한다 생각하고 자기소개서를 작성해보자.

지원동기 및 입사 후 포부
성장과정
성격의 장·단점
학창시절

3) 입사지원서(이력서) / 자기소개서를 내기 전 최종 확인사항

(1) 나의 입사지원서(이력서)/자기소개서는 상세하면서도 간단명료한가?	
(2) 나의 입사지원서(이력서)/자기소개서는 거짓이 없는가?	
(3) 사진은 최근의 것인가? (2~3개월)	
(4) 연락 가능한 긴급연락처와 E-mail 주소를 명시하였는가?	
(5) 본적이나 현주소는 정확히 기재했는가?	
(6) 호주와의 관계는 호주 입장에서 본 관계를 기재하였는가?	
(7) 학력과 경력사항의 날짜는 정확한가?	
(8) 입사지원동기를 구체적으로 밝혔는가?	
(9) 맡은 업무와 연관된 교과 활동이나 과외 활동을 효과적으로 기술하였는가?	
(10) 본인이 지원하는 직무를 확실하게 명시하였는가?	
(11) 직무중심으로 기술되어 있는가?	
(12) 업무능력 이외의 자신의 장점을 간단하게 기술하였는가?	
(13) 자신의 단점에 대해 보완노력을 기술하였는가?	

2.7 인사담당자의 평가항목

1) 인사담당자 체크포인트

인사담당자에게 접수된 서류는 채용을 결정하는 데 있어 가장 기초적인 자료로 사용된다. 인사담당자는 자기소개서를 차근차근 읽다가 중요하거나 관심이 가는 사실에 대해서는 밑줄을 긋기도 하는데, 이는 면접전형에서 사용될 질문의 기초사항이 되기도 한다. 자기소개서를 제출하기 전 미리 원본을 복사해두면 면접 때 유용할 것이다. 한 편의 자기소개서는 인사담당자를 통하여 지원자의 기본적인 자질은 물론, 심리상태까지 꼼꼼하게 Checking된다. 과연 인사담당자는 자기소개서를 보고 무엇을 근거로 무엇을 Checking하는지 살짝 훔쳐보기로 하자.

Check 1. 어떠한 성격의 소유자인가?
Check 2. 전공은 무엇이었으며 얼마만큼의 실력을 배양했는가?
Check 3. 전공 외에 관심을 두고 있는 것은 무엇인가?
Check 4. 업무에 쉽게 적응할 수 있는가?
Check 5. 비전을 가지고 있는가?
Check 6. 조직과 융화될 수 있는 사람인가?
Check 7. 사물을 긍정적으로 바라보는가?
Check 8. 소신과 주관이 있는가?

2) 자기소개서 문장의 평가항목

- 사고력이 있는가 ?
- 창의력이 있는가 ?
- 개성이 있는가 ?
- 꾸밈이나 거짓이 없는가 ?
- 표현력이 있는가 ?
- 우리말에 대한 표현과 이해력이 빠른가 ?

2.8 각 기업별 자기소개서 항목 예시

최근 기업들은 어떤 자기소개서 항목을 요구하고 있는지 자기소개서 항목을 살펴보고, 자신이 그 기업에 지원한다면 어떤 내용으로 쓸 것인지 생각해보자.

기업명	항 목
LG전자	1. 자신이 가진 열정에 대하여 : 2. 본인이 이룬 가장 큰 성취에 대하여 3. 본인이 가장 큰 실패 경험에 대하여 4. 본인의 역량에 관하여 (Global감각/지원 분야 관련 전문 지식) : 5. 본인의 성격에 관하여 (본인의 약점/강점에 대하여) 6. 본인의 10년 후 계획에 대하여 * 각 항목 당 400 Byte 이상 2000 Byte 이하
삼성그룹	1. 자기소개(한글 400자 이내) 2. 장점(한글 200자 이내) 3. 보완점(한글 200자 이내) - 직무수행과 관련하여 자신의 [장점]과 [보완점]을 말씀해 주십시오. 4. 지원동기 및 포부(한글 500자 이내)
코오롱 건설	1. 나의 History (성장배경, 학교생활 등) 2. 나의 KOLON (회사 및 직무 지원 동기) 3. 나의 One&Only (구체적 사례를 통한 자신만의 차별화된 경쟁력) 4. 나의 Vision (장래계획, 입사 후 포부 등)
효성	1. 자신의 성장과정과 학창시절을 간략하게 소개하여 주십시오. 2. 자신의 성격 및 남다른 지식이나 재능에 대하여 소개하여 주십시오. 3. 인생에서 성공했던 경험과 실패했던 경험을 기술하여 주십시오. 4. 지원하게 된 동기와 입사 후 포부에 대하여 기술하여 주십시오.

포스코	1. 지원동기/희망근무분야 - 800 바이트 이내로 작성 2. 성격의 장단점/생활신조 - 800바이트 이내로 작성 3. 사회봉사활동/자기개발노력 등 - 800 바이트 이내로 작성 4. Describe the college experience that you prepared for your business career. (※ Please write in English. Do not exceed 1,200 bytes)
동부 그룹	1. 자신이 가진 열정을 발휘하여 성취감을 느꼈던 경험을 기술하십시오. 2. 본인이 지원한 직무와 관련하여 자신의 강점 및 약점을 기술하고, 약점을 보완하기 위해 어떤 노력을 해왔는지 기술하십시오. 3. 우리 회사에 지원하게 된 동기는 무엇이며, 입사 후 어떻게 성장해 나갈 것인지 기술하십시오. * 각 항목 공백, 줄 바꿈 포함 한글 400자 이내 혹은 영문 800자 이내
대우그룹	〈대우증권〉 1. 대우증권에 지원하게 된 동기와 본인이 대우증권에 왜 필요한지를 서술해 주십시오. 2. 귀하가 지원한 직무를 성공적으로 수행할 수 있다고 생각하는 이유를 본인경험에 기반 하여 서술해 주십시오. 3. 개인적인 어려움과 희생을 각오하고 윤리적, 도덕적으로 행동했던 경험이 있다면 서술해 주십시오. 4. 대우증권에서 10년 후의 자기 모습에 대하여 기술하시오. 5. 대학생활 중 본인이 글로벌 역량을 갖추기 위해 준비한 것은 무엇인지 기술해 주십시오. * 각 항목 당 1600 byte 이하 〈대우일렉트로닉스〉 1. 왜 대우일렉트로닉스에 입사하고자 하는가? 2. 대우일렉트로닉스에 입사하기 위하여 어떤 준비과정을 거쳤는가? 3. 직무 선택의 이유 및 대우일렉트로닉스에서 직무에 대한 어떠한 비전을 가지고 있는가? * 각 항목 당 700자 이내 작성

과 제

1. 특정 기업을 선택한 후, 그 기업에 제출할 자기소개서를 아래와 같은 형식으로 작성하여 교과목 담당 교수님께 제출하세요.
   1) 자신이 가진 열정을 발휘하여 성취감을 느꼈던 경험을 기술하십시오.
   2) 본인이 지원한 직무와 관련하여 자신의 강점 및 약점을 기술하고, 약점을 보완하기 위해 어떤 노력을 해왔는지 기술하십시오.
   3) 우리 회사에 지원하게 된 동기는 무엇이며, 입사 후 어떻게 성장해 나갈 것인지 기술하십시오.

2. 자기소개서를 제출하기 전 최종확인사항을 다시 한번 확인한다.

제2부

공학교육인증

5. 공학교육인증제도의 취지와 요구사항
6. 계명대학교의 공학교육인증 추진현황
7. 프로그램 학습성과의 본질과 평가기준
8. 학생 포트폴리오 작성
9. 캡스톤 디자인 교과목

5. 공학교육인증제도의 취지와 요구사항

5.1 공학교육인증제도의 기본철학

한국공학교육인증원(ABEEK, 이하 공인원)이 모델로 삼고 있는 미국의 공학교육인증제도는 1932년에 시작되어 오늘날에 이르기까지 70년 동안 미국 공학교육을 세계 최고수준으로 올려놓는데 획기적으로 기여한 제도로서, 학위취득을 목표로 하는 미국 내 모든 공학프로그램들은 예외 없이 이 제도에서 요구하는 기본철학에 입각하여 학생들을 교육해 오고 있다. 공학교육인증을 책임지고 있는 기관인 미국의 공학기술인증원(ABET)이 공학교육에서 강조하는 내용은 시대적 변천에 따라 이론중심에서 설계, 실험실습, 'soft engineering' 중심으로 변천되어 왔으나 교육시스템의 기본 철학만은 변함없이 유지되고 있다.

공학교육인증제도의 기본철학은 다음의 두 가지로 요약할 수 있다. 첫째로, 공학교육은 교육공급자 중심의 교육보다 교육수요자 및 교육소비자 중심의 교육이 되어야 한다는 것이다. 즉, 교육내용과 교수방법이 교육공급자인 대학교수 중심으로 결정되기보다 교육소비자인 산업체가 요구하는 능력을 교육수요자인 학생이 제대로 갖추어 사회에 나갈 수 있도록 하는데 초점을 맞추어 결정되어야 한다는 것이다. 둘째로, 이를 효과적으로 달성하기 위해서는 목표의 수립과 평가에 기초한 순환적 개선시스템이 확실하게 뒷받침되어야 한다는 것이다. 다시 말해, 산업체의 요구와 필요에 따라 적절한 교육목표를 세우고 이를 달성하기 위한 구체적 교육내용을 마련하여 실시한 다음 이로부터 나온 결과를 엄밀하게 평가하여 다시 목표를 수정하고 교육방법을 개선해 나가는 순환적 시스템이 확립되어 있어야 한다는 것이다. 이와 같은 두 가지 기본철학은 Deming이 품질관리에 대해 가졌던 기본철학과 매우 흡사하다.

5.2. 공학교육인증제도가 요구하는 시스템

공학교육인증 심사는 앞서 언급한 기본철학에 따라 소위 '순환적 자율개선형' 모형이라고 부르는 체계적 평가-개선 시스템이 심화프로그램의 운영뿐만 아니라 각 교과목의 운영에까지 유기적으로 확립되게 하는 제도와 절차, 행정적 지원체계 등을 갖추고 있는지를 심사하는 것으로, 구체적으로는 '교육목표', '학습성과', '교육과정', '학생', '교육목적', '교수진', '시설 및 재원', '프로그램 인증기준' 등 7개 인증기준에 대해 심사가 이루어진다. 다시 말해, 공학교육인증제도가 요구하는 핵심은 산업체의 수요와 교육기관의 교육이념, 학생의 특성 등을 고려해 교육목표가 수립되고, 교육목표를 효과적으로 달성하는 교육내용이 짜이며, 이를 적용하여 본 결과를 객관적으로 평가하여 교육목표의 수정이나 교육내용의 개선에 반영하는 제도가 체계적으로 확립되어 있고 이를 뒷받침할 수 있는 시설과 재원, 교수진, 행정체계 등이 갖추어져 있어야 한다는 것으로, 이러한 개념을 요약한 모형을 순환적 자율개선형 모형이라고 칭하고 있다.

이러한 순환적 자율개선형 모형은 현대품질관리이론의 아버지라 할 수 있는 Deming의 품질 관리사이클을 공학교육 현장에 그대로 적용한 것이라 할 수 있다. Deming은 제품을 생산하는 산업체에서 품질관리의 목적은 소비자가 원하는 품질을 달성하는 것이고 이를 위한 가장 효과적 수단은 계획(Plan)-집행(Do)-평가(Check)-개선(Action)의 품질관리사이클이 지속적으로 원활히 돌아갈 수 있게 하는 것이라고 하였는데, 공학교육인증제도에서도 공학교육의 목적은 교육소비자인 산업체가 원하는 능력과 소양을 학생들이 갖추어 나갈 수 있도록 하는 것이어야 하고, 이를 달성하기 위한 효과적 수단이 바로 순환적 자율개선형 모형이라고 보고 있다. 다음 〈그림 1〉과 〈그림 2〉는 각각 Deming의 품질관리사이클과 순환적 자율개선형 공학모형을 나타낸 것이다.

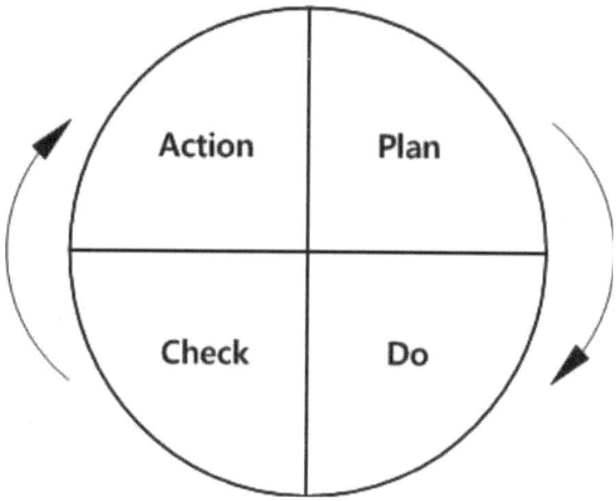

〈그림 1〉 품질관리사이클

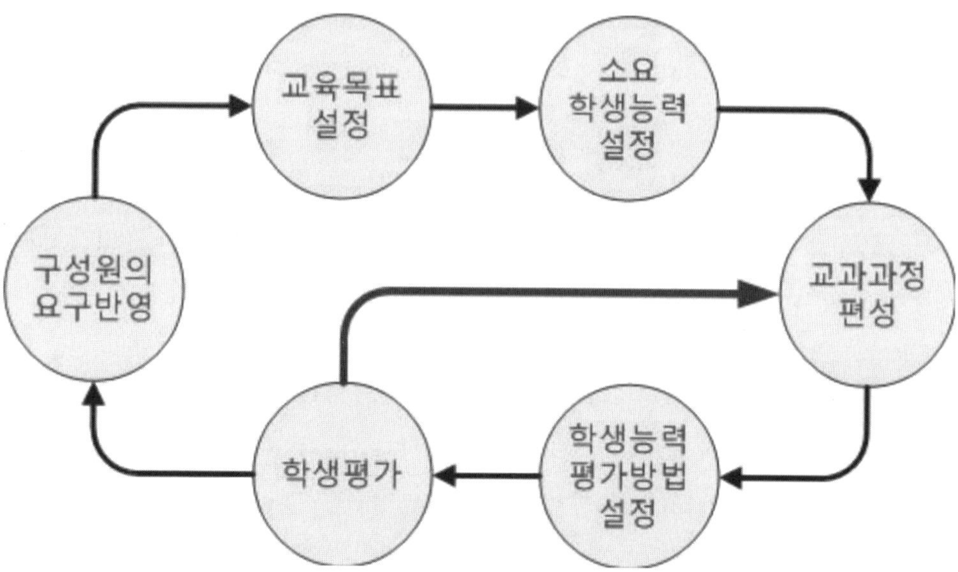

〈그림 2〉 순환적 자율개선형 공학모형

5.3 현행 공학교육인증제도 자체의 문제점

초기에 공인원이 인증에 적용하고 있는 제도는 모든 면에서 미국 공학기술인증원(ABET)의 제도를 그대로 복사하다시피 가져온 것이다. 이는 초기에 공인원을 실질적으로 이끌고 있는 분들이 모두 현직 대학교수들이다 보니 ABET의 인증정책이나 인증기준, 인증절차, 각종 관련규정 등을 그대로 번역하여 적용하기에도 시간이 부족하였으므로 당연히 예측할 수 있고 이해할 수 있다. 그러나 아무리 한국의 공학교육개혁이 시급하다 하더라도, 문화적 전통, 사회적 관습은 물론, 대학의 여건, 산업사회의 가치관 등이 미국과 너무나 다른 한국에 과거 미국에서 70년간 발전되어 온 제도를 적용하고자 할 때는 최소한의 시간적 여유를 갖고 합리적 절충안을 모색했어야 하며 그것이 궁극적으로 그 제도가 성공적으로 받아들여지는 지름길이라고 생각한다. 다시 말해, 한국 공학교육인증제도의 취지와 목표가 미국 제도의 그것과 완전히 일치한다 하더라도, 그런 목표를 달성할 수 있도록 미국 사회와 대학에 맞게 작성되고 수정 발전되어 온 설계도를 그대로 한국에 적용하여서는 결코 미국과 같은 효과를 얻을 수 없다는 것이다.

한국과 미국의 공학교육이 이루어지는 환경은 서로 얼마나 다른가? 우선, 한국사회는 미국사회만큼 객관적 정량적 평가에 의해 모든 의사결정이 이루어지는 사회가 아니기 때문에 구성원 각자가 자신이나 남을 평가하는 일에 익숙하지 않다. 교수가 자신이 한 수업을 스스로 평가하는 일에도, 학생이 교수의 수업을 객관적으로 평가하는 일에도, 기업이 대학을 평가하는 일에도 모두 익숙해 있지 않으며, 자신에 대한 남의 평가를 쉽사리 받아들이려 하지도 않는다. 공정한 평가가 필요하다는 데에는 동의하면서도 오랜 유교문화의 전통 때문에 객관적 평가를 근간으로 하는 제도가 도입되면 기존의 제도나 관행과 마찰을 빚어 실패하기 쉽다. 공학교육인증제 또한 그 근간은 공정한 평가시스템이므로 기존 시스템과의 부조화를 최소화하고 구성원들의 자발적 참여를 유도하는 '한국적 제도'가 연구되었어야 한다.

미국과 한국의 차이점으로 언급하지 않을 수 없는 또 한 가지 점은 교수의 교육여건이다. 미국의 교수들에 비해 한국의 교수들은 대부분 주당 평균 강의시간이나 교수대 학생의 비에 있어 미국의 교수들보다 훨씬 열악한 조건에 있으며 교수의 교육 관련 업무에 대한 지원도 매우 부족하여 질 좋은 교육에 전념하기 어렵다. 최근에는 연구업적에 대한 스트레스도 엄청나게 가중되어 더더욱 교육에 전념하기 어려운 환경이 조성되고 있다. 바로 이러한 점들을 시정하기 위해 공학교육인증제가 반드시 도입되어야 한다고 하는 생각에는 전적으로 동의한다. 그러나 한국의 현실이 하루아침에 그와 같은 교육여건을 개선할 수 없는 것 또한 사실이기 때문에, 당분간은 공학교육인증제가 교수들에게 또 다른 버거운 짐을 추가하는 결과를 초래할 수밖에 없다. 지금까지의 인증정책은 이 점을 너무 간과해왔다고 생각하며, 여건이 개선될 때까지 이 문제를 최소화할 수 있는 '과도기적 제도'가 연구되어야 할 것이다.

이 외에도 전공교육의 최소이수학점 수를 줄여 나가는 방향으로 교육개혁이 진행되고 있는데 공학분야만 전공교육을 강화해야 하는 이유가 무엇인지, 수학이나 과학분야의 기초이론교육을 강조하는 것이 오히려 공과계열에 대한 학생들의 선호도를 낮추는 결과를 초래하는 것은 아닌지, 산업계와의 충분한 공감대 형성과 적극적 참여를 유도하지 못한 상태에서 공학인증을 받은 대학의 졸업생이 실질적 우대를 받지 못하는 상황이 생긴다면 어떻게 할 것인지 등에 대한 대응 논리도 아울러 연구되어야 할 것이다.

과 제

1. 본인이 속한 프로그램의 교육목표는 무엇인가?

2. 한국공학교육인증원(www.abeek.or.kr)에 접속하여 자기가 속한 공학인증프로그램이 인증을 받은 상태인지, 인증을 받은 다른 대학은 어느 대학인지 찾아본다.

3. 본인이 속한 프로그램의 홈페이지에 접속하여 이수해야할 교과목을 나열한다.

6. 계명대학교의 공학교육인증 추진현황

6.1 추진 배경과 경위

계명대학교 공과대학은 2001년 2월부터 공과대학 교수 워크샵을 통하여 공학인증에 대한 소개 및 관심을 가지기 시작하여 그해 5월에 공학교육개혁에 관심이 많았던 일부 교수들을 중심으로 공학교육인증을 받기 위한 기반조성과 교과과정개편 방향에 대한 연구를 진행하여 오다가 2002년 8월에 공학교육혁신센터가 설립된 것을 계기로 본격적인 추진작업을 시작하게 되었다. 공과대학의 교수가 모두 참여한 2002년 8월 하계 교수워크숍 등을 통해 공학인증에 대한 교수들간의 공감대를 형성해 가면서 공학인증제에 맞춘 공학교육의 구조를 완성하고 6개의 전문교양과목과 수학, 기초과학, 전산학 등의 MSC 10개 과목을 확정하여 2002년 2학기부터 시행하게 되었다. 이때 공학교육센터는 모든 공학인증추진과 관련된 업무를 총괄 지휘하는 역할을 담당하게 되었고, 매년 동계와 하계로 나누어 2차례 개최되는 교수워크숍에서는 그 간 표출된 문제점들의 개선방안에 대한 토의와 아울러 인증심사를 위한 전공프로그램별 보고서 작성에 관한 통일된 지침이 전달되었다. 그 후 2007년 2월 심화프로그램별 자체평가보고서가 완성되어 공인원에 제출되었으며 보고서 심사가 있은 후 2007년 5월에 3일간에 걸친 현장방문평가를 받고 심사의견에 대한 대응서 등을 주고받은 결과 프로그램별로 2년의 예비 인증을 받게 되었다. 이후 매 2년 마다 자체평가보고서를 작성하여 심사를 받았으며, 2013년 2월에 자체평가보고서를 제출하고, 5월에 현장방문평가를 받을 예정이다.

6.2 현재까지의 추진 내용

공학교육인증제도를 추진한 결과 지금까지의 공학교육체계는 완전히 다른 모습을 갖게 되었다. 공학인증제의 적용을 받는 07학번 이후의 학생들은 최저 36학점만 이수해도 되는 타 전공의 학생들과 달리 최소한 60학점의 전공과목을 이수해야 할 뿐만 아니라 전공의 기초가 되는 수학, 과학, 전산 과목 등을 최소한 30학점 이수해야 하고 '공학윤리', '기술보고서작성법', '공학영어', '과학과기술의역사', '기술과의사소통', '인터넷사회와윤리', '공간과생활', '경제성공학', '기술과사회'와 같은 전문교양 과목들을 필수적으로 이수해야 함으로써 엄청나게 강화된 전공교육을 받게 되었다.

한편 교수들은 담당하는 교과목마다 전공프로그램과 연계된 교육목표를 설정하고 이를 달성할 수 있는 적절한 교육내용을 준비하여 강의계획서에 명기하고 학기 중에 지속적으로 학생들의 피드백을 받아 이를 토대로 학기말에 CQI(지속적 품질 개선서)보고서를 작성해 학과에 제출해야 하며 강좌에 관련된 모든 자료드백을지해야 할 뿐만 아니라 정기적으로 학생의 성취도를 점검하는 면담셇서)시해야 하는 등 교육관련 업무부담t지속폭적으로 늘어났다. 각 학과 차원에서도 전공프로그램의 교육목표에 맞추어 짜여진 커리큘럼에 따라 교육을)시하고 매학기 제출되는 교수들의 CQI와 각 구성원들의 의견을 바탕으로 교육목표와 커리큘럼의 변경 등을 검토하는 학과 단위의 CQI를 작성하여야 하며 질 개 의견조사와 고용기업의 의견조사를 해야 하는 등 행정업무의 양이 많이 늘어나게 되었다.

학교차원에서도 그 동안 각종 규정의 보완, 인증관련 소요예산의 특별배정 등 여러 가지 작업과 배려를 해 왔으나 아직도 많은 부분은 진행 중이거나 보완이 필요한 실정이다. 또한 인증심사를 위해 많은 기초작업을 해 온 공과대학 공학교육센터는 2012년 5월부터 매년 교과부의 지원을 받는 공학교육혁신센터로 이름이 변경되어, 센터장이 교무위원급이 되는 위상의 변경을 가져오게 되었다. 이제 공학교육혁신센터는 공학교육에 관한 역할과 위상정립을 모색해야 할 단계에 놓여 있다.

과 제

1. 본인이 속한 프로그램에서 이수해야할 MSC교과목과 전문교양교과목 이수계획을 학년별, 학기별로 나열하시오.

2. 본인이 속한 프로그램에서 이수해야할 교과목을 학년별, 학기별로 나열하시오.

3. 본인이 속한 프로그램에서 해야할 교과목이외의 활동을 적어보고, 활동계획을 적어 담당교과목 교수님께 제출하세요.

7. 프로그램 학습성과의 본질과 평가기준

공학교육인증제도의 핵심은 성과중심(outcomes based) 교육을 바탕으로 지속적인 자율개선을 통하여 졸업생의 능력과 자질을 향상시키는 것이다. 공학교육의 학습성과(PO, program outcomes)는 해당 전문 교육과정을 이수한 학생이 졸업 시 갖추어야할 능력과 자질을 의미하는 것으로 공학교육의 궁극적인 목표이다. 해당 교육과정의 교육목표는 전체 교육과정에서 지향하는 교육방향을 설정하는 것으로 학습성과는 교육목표와 동의어로 사용할 만큼 교육목표를 지향하는 수행목표(performance objectivity), 즉 학생이 졸업하는 시점에서 학부과정을 이수하고 어떤 일을 얼마만큼 수행할 수 있는가를 평가하는 교육목표 달성도 평가와 유사한 개념이다.

그렇지만 학습성과의 적용을 위해서는 그 개념이 애매 모호하거나 교육의 큰 틀 속에서 학습성과에 대한 고찰이 이루어지지 않아 학습성과 자체의 의미를 어렵게 만드는 경향이 있다. 그러므로 공학교육 인증기준 중 학습성과의 경우 교육평가, 교육목표, 교육과정과의 체계에서 올바르게 이해될 필요가 있다. 교육목표를 달성하기 위하여 교육과정을 구축하는 것이며, 이러한 전체적인 교육과정을 통하여 교육목표의 달성 여부를 측정하는 것이 교육평가의 개념이다. 그러므로 프로그램 학습성과의 체계는 교육목표, 교육과정, 교육평가의 틀을 중심으로 수립되어야 한다.

계명대학교 공과대학은 공학인증제 도입에 따른 프로그램 학습성과의 평가방법을 다음과 같이 수립하였다. 교육평가와 교육목표, 교육과정 체계에 대한 고찰과 이해를 통해 프로그램 학습성과 체계를 수립하고, 학습성과 달성도를 측정하기 위한 평가체계와 평가방법을 제시한다. 프로그램 학습성과의 본질과 이에 대한 평가방법의 적용에서 발생하는 일반적인 문제점과 프로그램 학습성과 평가방법 개선의 중점사항을 기술하였다. 다음으로는 프로그램 학습성과 평가체계와 평가방법을 구체적인 예를 들어 설명하였으며, 루브릭을 활용한 학습성과 평가방법의 장점을 기술하였다. 또한 기술적 및 비기술적 자질에 해당하는 학습성과 평가방법을 구체적인 사례에 대하여 상술한다.

7.1 학습성과의 본질

공학교육인증제도에서 정의하고 있는 학습성과(PO, program outcomes)는 해당 전문교육과정을 이수한 학생이 졸업 시 갖추어야할 능력과 자질을 의미하는 것으로 공학교육의 궁극적인 목표이다. 이러한 공학교육목표가 달성되었는지 여부는 학습성과에 대한 평가를 통해 검증되고 확인된다. 따라서 학습성과 달성도를 측정하는 교육평가 체계가 매우 중요한 위치를 차지하고 있다. 평가체계는 교육제도의 틀 안에서 학습성과 평가를 위한 논리적인 개념의 정립과 그에 따른 전반적인 체계를 의미하고, 평가방법은 학습성과 평가도구에 대한 채점 기준(Rubrics)의 구체적인 설정을 의미한다. 이러한 프로그램 학습성과를 평가하기 위해서는 교과목 학점 취득 및 이수 여부만으로는 학생이 그 학습성과를 달성하였다고 평가하기는 곤란하며, 학습성과의 달성여부의 판단은 학생의 수행능력을 직접 판단할 수 있는 결과물을 가지고 각 학습성과 평가항목의 수행 수준별 채점기준에 의해 평가되어야 한다.

현대사회의 글로벌 리더로서 성공적인 사회생활을 영위하기 위하여 공학 분야의 졸업생이 갖추어야 할 핵심 능력인 학습성과를 한국공학교육인증원(이하 "공인원")에서는 12가지로 기본으로 정의하고 "KEC2005 인증기준 2프로그램 학습성과 및 평가"에서 이를 정의하고 있다. 이러한 학습성과는 일반적으로 기술자로써 갖추어야 할 기술적인 자질(technical skills)과 기술자로 갖추어야 할 일반 소양에 해당하는 비기술적인 자질(non-technical skills)로 구분한다. 다시 말해, 학습성과는 학생이 졸업하는 시점에서 학부과정을 이수하고 어떤 일을 얼마만큼 수행할 수 있는가를 진술한 수행목표

(performance objectivity)와 비슷한 개념이다. 그러므로 프로그램 학습성과의 평가는 구체적인 학습 결과물을 가지고 학생들의 수행능력 및 자질을 직접 평가하는 것이 바람직하다. 이러한 학습 결과물에는 학생들의 수행능력 및 자질이 직접적으로 잘 드러나기 때문이다.

이러한 학습성과에 대해 학습성과의 학습 영역적특성에 맞게 평가도구를 설정하여 제시하였다. 또한 각 평가도구에 대한 총체적 채점기준(Holistic Rubrics, 여기서 "수행수준"이라 칭함)과 채점기준(Analytic Rubrics, 여기서 평가도구별 "채점기준"이라 칭함)을 개발하고 이를 평가에 적용한다. 각 평가도구에 따른 구체적인 채점기준(Rubrics)의 수행수준은 학습 영역적 특성에 맞게 일반적으로 3 혹은 5단계화하여 평가한다. 기술적인 자질(technical skills)에 해당하는 학습성과의 경우에는 4학년 종합설계교과목인 캡스톤 설계를 통하여 평가되므로 이 교과목의 설계프로젝트 결과물에 대한 채점 기준표를 정의하고 이를 문서로 만들어 평가에 적용하였다. 이러한 결과물은 학생들의 수행능력 및 자질을 직접적으로 드러내는 것이기 때문에 학습성과 평가도구로 적절하며, 채점기준(이하 "루브릭")에 근거한 채점기준표는 학습성과의 계량적 측정을 가능하게 하여 CQI(Continuous Quality Improvement, 이하 "CQI"라 함) 달성에 용이하다. 또한 비기술적인 자질에 속하는학습성과 중에서 정의 영역에 해당하는 학습성과를 구분하여 그러한 학습영역과 관련된 평가도구의 채점기준을 개발하여 제시하였다. 이러한 루브릭의 개발을 통하여 프로그램 학습성과의 계량적 측정이 가능할 것이다. 그러므로 공학교육인증제도가 추구하는 CQI가 보다 구체적으로 이루어질 수 있다. 평가시스템의 실행의 측면에서 이러한 루브릭의 개발은 매우 효과적이라 하겠다. 또한 교수-학습 측면에서도 이러한 평가도구의 채점기준 개발은 여러 장점을 가지며, 이러한 다양한 측면을 고려하여 교수-학습 이전 단계에서 채점기준을 학생에게 공개하여 평가에 적용한다.

7.2 학습성과 평가기준

공학인증제도를 도입하여 운영하고 있는 대부분의 대학에서 KEC2005 인증기준 8개 항목 중에 가장 이해하기 힘들고 실행하기 어려운 인증기준이 "인증기준 2 프로그램 학습성과 및 평가"에 관한 항목으로 손꼽이고 있다. 그 이유는 먼저 인증기준 2의 내용이 모든 공학 분야를 망라할 수 있도록 광범위하게 기술되었을 뿐만 아니라, 특히 신규평가인 경우에 졸업생이 배출되지 않은 상태에서 인증기준 2를 위한 평가체계를 수립하여 인증평가를 받아야 하기 때문이다. 즉 아직 프로그램 학습성과 평가체계를 실행해보지 않은 상태에서 수립된 체계의 적절성을 판단하기에 어려움을 느끼는 것으로 판단된다. 따라서 현재 교육현장에서 수립된 일반적인 프로그램 학습성과 평가체계는 매우 복잡하고 어렵게 수립되어 실제적인 운영이 불가능한 경우가 많다. 각 학습성과 의미에 대한 구체적 분석이 모호하고, 수행준거별 수행수준과 평가도구별 채점기준(Rubrics)이 적절히 설정되어 있지 않음으로 인하여 CQI 개선 달성을 위한 계량적 평가가 어렵다는 점이다.

다시 말해, 학습성과 평가도구와 관련하여 많이 범하는 오류 중의 하나는 교과목의 학습성과를 역산하여 평가도구로 이용하는 경우와 간접평가도구(주로 설문조사)만으로 학습성과 달성도를 측정하거나 평가하는 경우가 많다는 점이다. 이러한 오류들로 인하여 프로그램 학습성과 평가도구의 신뢰성, 타당성에 대한 문제가 흔히 제기되고 있다. 특히 이수한 교과과정의 교과목 학습성과 분포에 따른 수준별 반영률을 계상하여 프로그램 학습성과 달성도를 측정하는 것은 학습성과 평가의 기본적인 의미와 부합되지 않는 것이어서 더욱 큰 문제점으로 나타난다.

프로그램 학습성과 평가체계 개선과 관련하여 중점을 둔 사항은 평가체계의 실제적 운영(feasibility)을 최우선으로 고려하여 구축해야 한다는 점이다. 평가도구는 일반적으로 적어도 하나 이상의 직접 평가도구가 요구되는데 이는 평가결과의 신뢰성 확보 차원이라고 판단된다. 프로그램의 특성에 맞게 여러 개의 직접평가도구를 활용할 수 있지만, 여러 개의 평가도구가 설정된 시스템을 실제 운영하는 것은 쉽지 않아 더 큰 문제점을 안게 된다. 댜 하나 이상(technicli skills) 평가결과의 신뢰성 의 경우에의 4신년 종합설계

교과목나 캡스톤 설계 교과목의 설계프로젝트 결과물을 평가도구로 선정원 쉽도 평가체계의 실제적 운영(feasibility)을 최우선으로 고려원 까닭이다. 물론 선정원 쉽도 평를 il고 프로그램 학습성과를 평가하기 위해서의 적절 종합설계을 설정하는 것이 필요일반적으공인원은 인증제도 운영을 위하여 수립된 대부분의 프로그램 운영 체계에서 CQI를 매우 강조하고 있는데ty)로 인해 프로그램을 운영하는 학과다. 진 및 행정 직원들의 업무량ibi중시키는 가장 큰 장애요소로 작용하고 있는 것이 사실이다.

프로그램 학습성과의 CQI는 PO(Program Outcomes, 이하 "PO"라 함)에 따른 PC (Performance Criteria, 이하 "PC"라 함)별로 하는 것이 일반적이다. 그러나 PO별로 다수의 PC를 수립하는 경우, PO달성을 위한 CQI를 증명하는 것이 그 운영에 부담이 많아, PO별로 하나의 PC를 수립하는 것이 일반적인 학습성과 평가체계인 것이다. 따라서 우리 대학에서는 PO별로 하나의 PC를 수립하는 것을 원칙으로 결정하였다. 여러 해의 인증제도 운영을 통하여 프로그램 학습성과에 대한 구성원의 이해가 향상되면 추가적으로 PO를 설정할 수도 있을 것이다.

평가도구는 CQI를 달성하기 위하여 계량적이어야 하고 측정할 수 있는 채점기준(Rubrics)을 가지고 있어야 한다. 그렇기 때문에 우리 대학의 학습성과의 채점기준은 채점표의 평가항목에 따른 수행수준별 능력과 자질을 기술하는 분석적 채점기준(Analytic Rubrics)을 제시하였다. 또한 학습성과의 학습 영역적 특성(인지적, 정의적 영역)을 고려하여 적어도 1개 이상의 적절한 직접 평가도구를 설정하고, 평가도구에 따른 채점기준(Rubrics) 개발하여 정성적인 항목을 계량적으로 평가할 수 있도록 구성하였다. 평가도구의 타당성과 신뢰성을 확보하기 위해서는 직접평가 도구만이 아닌 간접평가 도구를 함께 사용하는 것이 바람직하다. 프로그램 학습성과의 경우 졸업하는 시점에서의 학생의 능력과 자질을 평가하는 것이므로 졸업예정자 설문조사(또는 Focus Group interview)를 간접평가도구로 설정하였다.

우리 대학의 경우에도 공과대학 10개 심화프로그램에서는 캡스톤디자인 교과목을 평가규준 교과목으로 장려하고 있다. 이는 4학년에 개설된 캡스톤디자인 교과목이 공학설계입문에서 부터 시작하여 2~3학년 과정의 요소설계수행을 거쳐 전체 교과과정에서 창의성과 실무능력을 실질적으로 수행할 수 있다고 판단하고 있기 때문이다. 따라서 학습성과 12개 항목 중에서 6개 학습성과인 PO2(자료분석 및 실험수행), PO3(설계능력), PO4(문제해결), PO5(실무능력), PO6(협동능력), PO7(의사전달)에 대하여 캡스톤디자인 교과목의 설계프로젝트의 수행능력과 결과발표를 통해 학습성과를 측정하고 평가한다. 이러한 캡스톤디자인 교과목은 종합설계 교과목으로 팀 단위의 설계프로젝트를 진행하며, 팀 위주의 활동과 여러 번의 발표 및 보고서 제출을 통하여 다양한 비기술적인 자질을 증진시킬 수 있기 때문이다. 그러므로 캡스톤디자인 교과목에서 시행되는 종합설계 프로젝트는 팀 단위의 프로젝트 결과물을 통하여 팀워크와 의사소통능력까지도 함께 평가할 수 있다. 학습성과 PO1(기초지식)의 평가인 경우에는 졸업예정자를 대상으로 출구조사(혹은 면접)를 통해 학습성과를 측정하도록 권장하고 있으나 현실적으로 매우 어려운 문제로 주로 졸업예정자를 대상으로 필기시험에 의한 시험측정을 통해 학습성과를 평가하고 있다.

간접적인 평가도구로는 졸업예정자 설문조사를 주로 활용한다. 이는 직접평가도구의 신뢰성, 타당성 확보를 위하여 다소 보완적인 성격으로만 활용한다. 기존에 적용하였던 교과과정 학습성과 분포에 따른 수준별 반영률을 계상한 자료는 학생별 교과목 학습성과 이수와 관련하여 학생 관찰 자료로만 사용하기도 한다.

7.3 프로그램 학습성과 평가도구 및 방법적용

1) 프로그램 학습성과 평가체계

(1) 프로그램 학습성과 이행수준의 정의

우리 대학에서 적용한 학습성과의 평가체계와 평가방법의 모형을 〈그림 3〉에서 제시하였다. 이를 근거로 12개 학습성과 전체에 대하여 일일이 열거하며 논술하는 것은 지면 제한 관계로 부적합한 문제이므로 프로그램 학습성과 2(PO2)의 '자료를 이해하고 분석할 수 있는 능력 및 실험을 계획하고 수행할 수 있는 능력(이하 "자료분석 및 실험수행

능력")'을 하나의 사례를 중심으로 논술한다. 적용된 학습성과 평가체계에서는 먼저 해당 프로그램에 적절하도록 공인원에서 정의한 프로그램 학습성과를 프로그램의 특성에 맞도록 변경하였다. 이때 해당 프로그램에서는 적절히 그 의미를 해석하여 프로그램에 적절한 PO를 설정하거나 공인원의 학습성과를 그대로 적용할 수 있을 것이다.

〈그림 3〉 프로그램 학습과 평가체계도

<table>
<tr><td colspan="2">프로그램 학습성과(Program Outcome)</td></tr>
<tr><td colspan="2">↓ 의미분석 및 이행수준(상, 중 하)</td></tr>
<tr><td colspan="2">↓ 학습성과 달성을 위한 교육과정의 편성</td></tr>
<tr><td colspan="2">↓ 수행준거(Performance Criteria)</td></tr>
<tr><td colspan="2">↓ 수행수준(1~3 수준) : Holistic Rubrics</td></tr>
<tr><td colspan="2">↓ 달성목표 수립</td></tr>
<tr><td colspan="2">↓ 측정 및 평가 실시</td></tr>
<tr><td>직접 평가도구</td><td>간접 평가도구</td></tr>
<tr><td>- 캡스톤디자인 수행결과 평가
- 에세이 평가
- 학습성과 평가시험 등(Analytic Rubrics)</td><td>- 졸업예정자 설문조사(Holistic Rubrics)</td></tr>
<tr><td colspan="2">프로그램 교육과정 실행 → 학습성과 측정 → 평가분석 → 평가결과
피드백 → 프로그램 운영개선에 반영</td></tr>
</table>

(주) ↓ 및 → 표시는 실행순서를 표시함.

학습성과에서 요구하는 내용은 학생이 "전공교재나 전공 관련 자료 등에 제시된 이론이나 실험 데이터를 분석하여 결과를 해석할 수 있는 능력을 습득하고, 공학설계 입문, 캡스톤 설계를 포함하는 설계 및 실험과목에서 실험 목표에 맞추어 소요 부품을 파악하고 실험을 계획, 이를 성공적으로 진행할 수 있는 능력"을 소유하고 있음을 증명해야 한다는 것이다. 그렇기 때문에 학습성과의 본질에서 지적하였던 것처럼 학습성과(PO)는 프로그램 교육과정을 마친 학생이 졸업 시 갖추어야 할 능력과 자질을 의미하는 교육의 직접적 목표라 할 수 있으므로, 프로그램에서는 학생이 제시된 능력(학습성과), 즉 일종의 교육목표를 달성하도록 측정 가능한 구체적인 내용을 중심으로 하급(L1), 중급(L2), 상급(L3)의 3단계의 이행수준을 설정한다. 이러한 이행수준을 토대로 교육과정(교과과정 및 비교과과정)이 제공된다. 학생은 기초, 발전, 심화의 이행수준 단계를 거쳐 제시된 능력(학습성과)의 순차적인 습득이 가능하다. 그러므로 학습성과는 이행수준의 최종 단계를 적용하여 정의되는 것이 일반적이다. 이러한 이행수준은 교수의 강의계획서 작성 등 교과목 운영에도 도움이 된다. 학습성과 2번 '자료분석 및 실험수행 능력' 에 대한 이행수준을 예를 들어 보다 구체적으로 예시한다.

- 하급 수준(L1) : 필요한 자료를 적절한 방법으로 검색하여 이를 이해하고, 실험의 요구사항을 파악하여 목표달성을 위한 적절한 실험 수행 방법을 정리할 수 있음.
- 중급 수준(L2) : 자료를 요약하여 이를 주어진 과제수행에 사용할 수 있고, 이에 적절한 도구를 사용하여 실험을 계획 수행할 수 있음.
- 상급 수준(L3) : 자료를 분석 평가하여 스스로의 문제에 맞게 가공하고 변형시킬 수 있고, 실험결과를 분석 평가하여 새로운 실험에 응용할 수 있음.

(2) 프로그램 학습성과 달성을 위한 교육과정 편성

학습성과 달성을 위한 교육과정의 편성은 교과과정 확산분포 및 비교과과정 연계 활동을 정 의하여 이러한 수립된 목표를 달성하기 위한 교육과정을 수립해야한다. 학습성과 평가체계를 구축하기 이전에 이미 수립된 교육과정은 일반적으로 학점이수가 중점인 교과과정과 비교과과정으로 구성되는데, 학습성과별 교과과정의 연계성과 비교과과정 연계활동의 제시를 통하여 학생에게 학습성과를 달성할 수 있는 교육이 제공되고 있음을 보다 효과적으로 인지시킬 수 있다.

교육과정의 수립은 근본적으로 학습성과의 달성을 위한 것임을 이러한 평가체계의 논리적인 개념을 통하여 확인할 수 있다. 많은 프로그램이 평가체계 구축 시에 범하는 오류로 교육과정을 수립한 후(또는 기존의 교육과정) 학습성과의 달성을 논의하는 것인데, 여기서 분명한 것은 학습성과는 일종의 직접적 교육목표의 개념이므로 이러한 학습성과의 달성을 위하여 교육과정이 매우 적합하게 구축되어있어야 한다는 점이다.

(3) 프로그램 학습성과 수행준거(Performance Criteria)

프로그램 학습성과 체계에서 프로그램 학습성과 달성을 입증할 수 있는 보다 구체적인 목표를 설정할 필요가 있는데, 이를 일반적으로 수행준거(Performance Criteria, PC)라고 한다. 수행 준거는 이행수준에서 최종 수준을 중심으로, 적절한 논리적인 근거의 제시를 통하여 포괄적인 학습성과(PO)의 내용을 구체화하여 졸업생들이 졸업시점에 달성되어야 하는 교육성과의 목표를 설정하는데 활용된다.

학습성과를 평가하기 위해서는 수행준거(PC)별로 수행수준을 정의하여야 한다. 일반적으로수행수준은 수행준거라는 일종의 목표를 최상의 수준에서 최하의 수준까지 단계별로 정의한 것으로, 이러한 수행수준은 수행준거의 달성목표를 설정하고, 평가도구의 채점기준(Rubrics)과 논리적인 연계성을 갖는 중요한 요소이다. 다음은 학습성과 2(PO2)의 '자료분석 및 실험수행 능력'에 대한 수행준거를 예시로 나타낸 것이며, 〈표 1〉에서 이에 대한 수행수준을 나타내었다. 표애서 표시한 바와 같이 '자료분석 및 실험수행 능력'의 수행준거는 본 학습성과 달성을 위해 요구되는 최소한의 기준으로 '다양한 방법으로 자료를 수집, 분석할 수 있으며, 실험을 체계적으로 계획하여 수행하고 그 결과를 분석하여 보고서를 작성할 수 있다.'로 설정하였다.

〈표 1〉 학습성과 2(PO2)의 수행수준 정의

<table>
<tr><th>학습성과</th><th colspan="2">수행 수준의 정의 및 준거</th><th>채점기준
(5점 만점)</th></tr>
<tr><td rowspan="2">자료분석
실험실습
수행능력
(PO2)</td><td>수행
준거</td><td>다양한 방법으로 자료를 수집, 분석할 수 있으며, 실험을 체계적으로 계획하여 수행하고 그 결과를 분석하여 보고서를 작성할 수 있다.</td><td rowspan="2">상 : 4.0점 이상
중 : 2.0~3.9점
하 : 1.9점 이하</td></tr>
<tr><td>수행
수준</td><td>다양한 방법으로 정보를 수집, 분석하는 능력과 실험을 체계적으로 계획하여 수행하고 그 결과를 분석하여 보고서를 작성하는 능력의 정도
(상) : 다양한 방법으로 정보를 수집할 수 있고, 수집된 정보를 분석하는 정도가 우수하며, 실험계획을 수립하여 실험을 수행하며, 그 결과를 분석하여 우수한 보고서를 작성할 수 있다.
(중) : 정보를 수집하는 방법을 다양하지 못하거나, 수집된 정보를 분석하는 능력이 다소 부족하며, 실험계획을 수립하여 실험을 수행하며, 그 결과를 분석하여 보고서를 작성하는 능력이 다소 부족하다.
(하) : 정보를 수집하는 방법이 불완전하고, 수집된 정보를 분석하는 능력이 부족하며, 실험 수행능력과 보고서 작성 능력이 모두 부족하다.</td></tr>
</table>

(4) 학습성과 평가도구(Assessment Criteria)

학생들이 교육과정을 이수한 시점에서 이러한 목표 (프로그램 학습성과)를 달성했는지를 측정하기 위하여 적절한 평가도구가 마련되어야 한다. 프로그램 학습성과의 경우 학생이 졸업하는 시점에서 성취하기를 기대하는 능력이므로 교육과정을 이수하는 4학년 최종 학기에 평가되어야 한다. 그러므로 캡스톤디자인 교과목의 설계 프로젝트 결과물은 4

년의 학부과정을 수료할 졸업 예정자들이 프로그램에서 정한 수행준거를 원만히 달성하였는지를 평가하기에 적합한 평가도구인 것이다. 이러한 학습 결과물은 물론 적절한 측정기법(measure technique)인 루브릭(Rubrics)이 구축되어 있을 때 비로소 평가도구로서 사용될 수 있다. 〈표 2〉에서 학습성과별 평가도구, 평가주기 및 반영주기를 나타낸다.

일반적으로 평가도구는 적어도 하나 이상의 직접 평가도구가 요구되는데 이는 평가결과의 신뢰성 확보 차원이라고 판단된다. 여기서는 하나의 직접평가 도구와 간접평가도구를 적용하였으며, 평가도구와 관련한 채점표와 채점표의 평가항목별 채점기준(Analytic Rubrics)을 수립하였다. 또한 〈표 3〉와 〈표 4〉에서 학습성과 2번 '자료분석 및 실험수행 능력'에 대한 평가도구와 관련한 직접평가의 채점기준과 간접평가의 설문조사 내용을 각각 나타낸다.

- 직접평가도구 : 캡스톤디자인 교과목의 설계수행 보고서 및 결과발표 평가
- 간접평가도구 : 졸업예정자 설문조사 내용 및 응답자 수

간접평가 도구로 사용된 설문조사는 수행준거의 수행수준을 적용하여 설문하였으며, 이러한 설문조사는 직접평가도구의 신뢰성을 확인하는 차원에서 활용된다.

〈표 2〉 프로그램 학습성과의 평가도구 및 평가주기

구분	학습성과	평가도구			
		졸업예정자 설문조사	캡스톤 디자인수행	에세이 평가	졸업예정자 능력평가
프로그램 학습성과	PO1	○	-	-	○
	PO2	○	○	-	-
	PO3	○	○	-	-
	PO4	○	○	-	-
	PO5	○	○	-	-

	PO6	○	○	-	-
	PO7	○	○	-	-
	PO8	○	-	○	-
	PO9	○	-	○	-
	PO10	○	-	○	-
	PO11	○	-	○	-
	PO12	○	-	○	-
평가주기		매년	매년	매년	매년
개선반영		3년	3년	3년	3년

〈표 3〉 학습성과 2(PO2) 직접평가(캡스톤디자인수행 결과평가) 채점표

학습성과	평가내용	평가자료	평가점수클릭(상-하 : 5점 만점 평가) 채점표(참고 : 해당점수 란에 v 표기)					평가점수 (평균평점)
			5점	4점	3점	2점	1점	
PO2	①	작품주제						
	②	작품개발동기						
	③	요구사항 분석						
	④	보고서 작성능력						

〈표 4〉 학습성과 2(PO2) 간접평가(설문조사) 응답조사표

PO2 설문조사 내용	응답내용 및 응답자수					비고
	5	4	3	2	1	
1) 캡스톤디자인 작품의 주제 선정 능력에 대하여 본인의 학업성취도는 어느 정도인가?	3	8	4	1	0	
2) 캡스톤디자인 작품설계의 요구사항 분석 능력에 대한 본인의 학업성취도는 어느 정도인가?	3	7	5	1	0	
3) 작품수행에 관련하여 자료수집과 분석 능력에 대하여 본인의 학업성취도는 어느 정도인가?	2	6	7	1	0	
합 계	8	21	16	3	0	48
평 균 치	3.71					

(5) 프로그램 학습성과의 개선(CQI)

일반적으로 교육평가의 주요 목적은 체계적인 평가를 통해 교육체계 및 프로그램 운영의 개선에 반영하여 프로그램 교육목표를 달성하고 학습성과를 극대화하는 것이라 할 수 있다. 프로그램 학습성과의 평가 역시 프로그램의 개선을 통해 졸업생의 능력 및 자질을 향상하고 궁극적으로 프로그램 교육품질을 향상시키는데 있다.

프로그램의 운영개선은 학습성과(교육목표의 직접적 인 수행 목표), 교육과정, 교육제도의 개선을 의미하며, 이는 궁극적으로 졸업생의 능력 및 자질 향상을 꾀하기 위함이다. 이러한 학습성과의 달성 여부에 대한 측정(교육평가) 후 이를 교육목표, 교육과정, 평가도구, 평가방법에 피드백(Feedback)하여 자율개선순환구조(Self Improvement Circular System)를 통하여 CQI(Continuous Quality Improvement)를 실현한다. 〈그림 1〉에서 자율개선순환구조를 나타낸다.

〈표 5〉에서는 학습성과 2번 '자료분석 및 실험수행 능력'에 대한 연속적인 폐루프 형

태(Close-the-loop)의 구조로서 '학습성과 목표설정' → '교육과정의 운영' → '측정' → '평가결과 분석' → '문제점 파악' → '피드백(Feedback)' → '개선결과' → '평가체계 및 결과의 공개' 등의 순서로 실행되는 일련의 실행과정을 나타내었다.

〈표 5〉 '자료분석 및 실험수행 능력'에 대한 'Close-the-loop'의 실행과정

실행과정 (Close-the-Loop)	목표	졸업까지 프로그램에 속한 학생의 10% 이상이 상등급, 중등급 이상은 50% 미만, 하등급은 20% 미만이 되도록 한다.
	실행	▪ 설계과목에서 학생 스스로 자료를 수집 및 분석하는 과제를 부과하고, 그 능력을 평가에 포함시킨다. ▪ 정보수집 분석을 필요로 하는 종합설계교육을 강화하고, 그 능력을 평가에 포함시킨다. ▪ 실험교육에 실험계획과정을 포함하도록 한다. ▪ 실험 시간을 통하여 실험계획에 따라 실험을 하도록 지도하며, 실험계획, 결과 및 분석을 포함한 실험보고서 과제를 부과하고 그 능력을 평가에 포함한다.
	측정	▪ 측정주기 : 1년 ▪ 측정시기 : 매년 11월 ▪ 측정방법 : 졸업예정자 설문조사와 캡스톤디자인 수행 평가 ▪ 주관 : 프로그램 평가위원회 ▪ 결과물 : 프로그램 학습성과 달성도 분석 보고서
	평가 / 개선	▪ 개선주기 : 매 3년 ▪ 교육평가 위원회에서 평가결과를 분석하고 보고서를 작성하여 프로그램 위원회에 보고한다. ▪ 매 3년마다 프로그램 학습성과 개선사항을 반영하여 교육목표의 개편과 교육과정을 개편여부를 판단하고(교육평가담당, 프로그램운영위원회), 새로운 목표를 설정한다. 목표달성이 안되는 경우 성취과정 분석 및 평가를 통하여 교육과정 개선 및 기초지식 학습성과 향상 방안을 강구한다.
	공개	학습성과 달성정도를 학과 / 공학교육혁신센터 홈페이지에 공개한다.

7.4 학습성과 평가 방법적용 : 루브릭의 활용

일반적으로 루브릭(Rubrics)이라함은 주관적으로 평가되는 대상에 대해 가치의 정도를 부여하는데 유용하게 사용하는 측정기준(혹은 채점기준)을 의미한다. 이러한 루브릭은 '총체적 채점기준(Holistic Rubrics)'과 '분석적 채점기준(Analytic Rubrics)'으로 구분하는데, 이는 각각 '평가하고자 하는 여러 자질 및 능력을 한꺼번에 평가할 수 있는 채점기준'과 '평가하고자 하는 자질 및 능력을 구체적으로 분류한 채점 항목을 만들어 평가할 수 있는 채점기준'으로 설명할 수 있다.

이러한 루브릭의 효과는 교수(채점자 혹은 평가자)의 입장과 학생(평가대상, 피평가자)의 입장에서 그 효과를 정리할 수 있다. 먼저 교수의 입장에서 보면 루브릭을 교수학습 이전 단계에서 사전에 학습자에게 공개하여 교수가 기대하는 사항(평가항목)과 평가 절차를 학생들에게 쉽게 이해시킬 수 있으며, 따라서 평가 절차에 대한 신뢰감을 형성할 수 있다. 또한 평가주체가 2~3인 이상일 경우에 동일한 채점기준을 평가에 적용하므로 평가의 공정성, 객관성 및 신뢰성을 확보할 수 있다. 예를 들어, 캡스톤디자인(Capstone Design) 평가자의 경우, 교과목 담당교수, 지도교수, 총괄교수(Program Director), 산업자문위원(산업체 관계자) 등 여러 평가자에 의해 다면평가가 수행되는 경우 이에 매우 유용한 도교다. 실제 미국의 여러 대학들이 이러한 캡스톤 설계 교과목의 수행 결과물을 여러 평가자에 의하여 다면평가를 실시다면평수(Program D성과의 도구로서 캡스톤 설계 프로젝트 결과물이 사용되기 위해서는 평가결과의 타당성 및 신뢰성을 위하여 다면평가를 실시하는 것이 바람직하다. 이렇게 루브릭을 구축하여 프로그램 학습성과 평가에 적용함으로써 정성적인 평가항목의 평가 점수를 계량적으로 측정할 수 있다. 이를 통하여 CQI 체계의 운영을 용이하게 할 수 있는 것이다.

학생(평가 대상)의 경우에도 루브릭(Rubrics)을 사전에 교수가 공개함으로써 학생이 교수학습 이후에 성취해야 할 내용을 미리 알 수 있게 되어 자기 스스로 학습 역량을 강화할 수 있도록 준비할 수 있다. 즉 평가 기준 항목 및 평가 절차 또한 명확히 알 수 있어 이에 집중하여 학업 능력을 스스로 촉진시킬 수 있다. 또한 학생 입장에서도 평가기준 및 평가 절차를 사전에 알게 됨으로써 평가가 공정하고 투명하다는 판단을 하게 하여, 평가 결과에 학생 스스로 신뢰성을 부여할 수 있는 것이다.

이렇게 평가도구에 대한 적절한 루브릭(Rubrics)의 구축은 다음과 같은 긍정적 효과를 가진다. 첫째, 교수학습의 측면에서 학습 역량을 극대화시킬 수 있다. 둘째, 교육평가의 측면에서 평가과정 및 평가결과의 신뢰성 및 객관성을 확보할 수 있다. 셋째, 공학교육인증평가의 관점에서 구체적인 평가체계의 CQI가 가능하다는 점이다. 즉 이렇게 루브릭을 구축하여 프로그램 학습성과 평가에 적용함으로써 정성적인 평가항목의 평가 점수를 계량적으로 측정할 수 있고, 이를 통하여 CQI 체계의 운영을 용이하게 할 수 있는 것이다.

다음은 학습성과의 일반적 구분체계인 기술적인 자질(technical skills)과 비기술적인 자질(non-technical skills)에 의한 각각의 평가도구의 루브릭을 개발하여 실제 평가에 실행한 예를 구체적으로 제시하였다.

1) 기술적 자질에 해당하는 학습성과 평가

기술적인 자질에 해당하는 학습성과 평가는 주로 4학년 캡스톤디자인 교과목의 종합설계프로젝트 수행 결과물을 평가하는 것으로 결정하였다. 학생들이 종합설계 프로젝트 수행을 통하여 공학 계열의 학생이 실제 현장에서 접하는 문제를 직접 배우고 또한 교육과정을 통해 배운 기술을 직접 적용하여 문제 해결할 수 있는 기회를 갖기 때문이다.

종합설계 프로젝트 수행 결과물로 기술적 자질에 해당하는 학습성과를 평가할 수 있는 것은 캡스톤디자인 교과목이 공학적 창의성과 실무능력의 관점에서 모든 과정을 종합하여 집대성하는 평가기준 교과목이기 때문이다. 다시 말해, 캡스톤디자인 교과목은 졸업시에 졸업논문을 대신하여 학부 과정 동안 배운 이론과 경험을 바탕으로 설계프로젝트를 기획, 설계, 제작하는 전 과정을 경험하도록 함으로써 산업 현장의 수요에 적합한 창의적 기술 인력을 양성하는 종합설계 교과목이수와 이러한 기술적 자질과 관련한 학습성과를 평가하며, 캡스톤교과목 학점 취득 및 이수 여부로 평가하는 것이 아니라, 각 학습성과를 평가할 수 있는 평가항목과 관련된 적절한 채점기준을 설정하여 이를 문서로 만들어 평가에 적용하여야 한다. 또한 여기서 공학 기술적 자질 외에도 팀워크와 의사전달

능력 등의 비기술적 자질도 함께 평가할 수 있다. 〈표 6〉과 〈표 7〉은 기술적 학습성과 평가에 대한 예시로, 〈표 6〉는 학습성과 3 '설계기본능력'의 수행준거인 "제한된 요구조건 하에서 구성요소와 시스템, 공정을 설계하고 이를 구현할 수 있음"의 수행수준이며, 〈표 7〉은 관련 채점표의 평가항목과 채점기준이다.

〈표 6〉 학습성과 3(PO3)의 캡스톤디자인 수행 평가표

<table>
<tr><th rowspan="2">학습
성과</th><th rowspan="2" colspan="2">평가내용</th><th colspan="5">평가점수 채점
(상-하 : 5점 만점 평가, 채점기준 참고)</th><th rowspan="2">평가점수
(평균평점)</th></tr>
<tr><th>⑤</th><th>④</th><th>③</th><th>②</th><th>①</th></tr>
<tr><td rowspan="5">PO3</td><td>①</td><td>설계능력</td><td></td><td></td><td></td><td></td><td></td><td rowspan="5"></td></tr>
<tr><td>②</td><td>설계명세서 내용</td><td></td><td></td><td></td><td></td><td></td></tr>
<tr><td>③</td><td>설계구성요소항목</td><td></td><td></td><td></td><td></td><td></td></tr>
<tr><td>④</td><td>현실적 제약요건 반영</td><td></td><td></td><td></td><td></td><td></td></tr>
<tr><td>⑤</td><td>작품의 창의성</td><td></td><td></td><td></td><td></td><td></td></tr>
</table>

〈표 7〉 학습성과 3(PO3)의 평가 채점기준

점수(수준) / 평가기준	상(5)	중(3)	하(1)
① 설계명세서 설계능력 (시스템구성도, 화면설계, 기능명세서 등)	설계명세서의 요소들이 적절히 포함됨	설계명세서의 요소들이 포함되어 있지만 미흡함	설계명세서의 요소들이 포함되어 있지 않음
② 설계명세서 내용의 충실	설계명세서의 내용의 매우 충실함	설계명세서의 내용이 적당함	설계명세서의 내용이 미흡함

③ 설계구성요소 항목 반영 (목표설정, 분석, 합성, 제작, 구현시험, 평가)	설계구성요소항목을 충실히 반영함	설계구성요소항목을 부분적으로 반영함	설계구성요소항목을 반영하지 않음
④ 현실적 제한조건 항목 반영 (경제성, 윤리성, 안전성, 신뢰성, 미학 등)	현실적 제한조건 항목을 충실히 분영함	현실적 제한조건 항목을 부분적으로 반영함	현실적 제한조건항목을 반영하지 않음
⑤ 작품의 창의성	매우 창의적임	창의성 보통정도임	창의성 부족함

〈표 8〉 학습성과 3의 설문조사 내용 및 응답자 수

PO3 설문조사 내용	응답내용					비고
	5	4	3	2	1	
1) 캡스톤디자인 작품의 구성도 분석능력은 어느 정도인가?	2	4	9	1	0	
2) 캡스톤디자인 작품설계 능력은 어느 정도인가?	3	5	7	1	0	
3) 캡스톤디자인 작품을 수행하면서 설계구성 요소를 반영하였는가?	2	5	9	0	0	
4) 캡스톤디자인 작품을 수행하면서 현실적 제약요소를 반영하였는가?	2	4	9	1	0	
5) 캡스톤디자인 작품의 창의성은 어느 정도이라고 생각하는가?	3	5	7	1	0	
합 계	12	23	41	4	0	80
평 균 치	3.53					

2) 비기술적 학습성과 평가

학습성과는 일반적으로 기술적인 자질(technical skills)과 비기술적인 자질(non-technical skills)로 구분할 수 있다. 이러한 일반적인 구분 외에도 학습성과를 'hard skills'과 'professional skills'로 구분하고, 'professional skills'을 다시 'process skills'과 'awareness skills'로 구분하기도 한다. 여기서 'awareness skills'에는 '공학적 해결방안이 세계적, 경제적, 환경적, 사회적 상황에 끼치는 영향을 이해할 수 있는 거시적 관점', '평생학습에 대한 인식', '시사적 논점들에 대한 기본 지식'이 포함된다. 본 논문에서는 비기술적인 자질에 속하는 학습성과 중에서 이렇게 정의적(affective) 영역에 해당하는 학습성과를 구분하여 그러한 학습영역과 관련된 평가도구의 채점기준을 개발하여 제시하였다. 즉 평생학습에 대한 인식, 직업적 책임과 윤리적 책임에 대한 인식, 공학적 해결방안이 세계적, 경제적, 환경적, 사회적 상황에 끼치는 영향을 이해할 수 있는 거시적 관점, 시사적 논점들에 대한 기본 지식 등을 의미하는 학습성과의 경우가 이에 해당한다.

비기술적 자질의 경우, 인성, 가치관, 도덕성, 적성, 태도, 흥미와 같은 측면을 의미하며, 지식, 이해, 적용, 분석, 종합, 평가의 능력을 의미하는 인지적 영역과는 학습영역적 특성이 다르다. 이러한 학습성과는 정의적 행동특성인 감수, 반응, 가치화, 조직, 인격화의 단계를 고려하여 평가항목의 수행수준(1~3수준)을 설정하였다. 비기술적 자질에 해당하는 학습성과 평가와 관련하여 의식, 가치관, 태도, 인식 능력을 에세이로 평가하도록 하였다. 직업윤리의 경우, 윤리의식 및 도덕적 책임 인식을 에세이 작성을 통하여 각 평가항목의 수행수준별 채점기준(Analytic Rubrics)을 설정하여 평가한다. 〈표 9〉와 〈표 10〉에서는 비기술적 학습성과 평가에 대한 예시로, 〈표 9〉는 에세이 평가문제의 예를 나타내고 있고, 〈표 10〉에서는 학습성과 시사적인 의논점의 수행준거인 '시사적 논점에 대한 정보를 요약 정리하여 설명할 수 있다.' 해당하는 학습성과 평가와 설정하였다. 비기술학습성과 10에 대한 수행수준의 간접평가를 위한 설문조사 질문지의 예를 나타낸다. 또한, 시사적 논점의 경우, '시사적 문제'에 대한 에세이, 비교과과정 활동 참가 보고서를 작성하여 문서화된 채점표로 평가하며, 시사적 논점의 경우, 시사 논술을 작성하여 사회적 이슈에 대한 통찰 및 비판적 사고 능력을 평가하였다.

〈표 9〉 학습성과 10의 에세이 평가문제의 '예'

PO10 : 시사점 논점 이해능력 평가(다음 3개중 1개 선택)
1. 신재생 에너지의 새로운 에너지원의 개발과 활용에 대하여 논하시오. 2. 저탄소 녹색성장이란 무엇을 의미하며 그 필요성에 대하여 논하시오. 3. 전기 자동차의 출현과 기술적 애로사항에 대하여 논하시오.

〈표 10〉 학습성과 10(PO10)의 수행준거 및 수행수준

<table>
<tr><td>수행 준거</td><td colspan="3">시사적 논점에 대한 정보를 요약 정리하여 설명할 수 있다.</td></tr>
<tr><td>수행 수준</td><td colspan="3">(상) : 전공분야 관련 시사적 논점에 대한 기본정보를 요약 정리하여 명확히 설명할 수 있다.
(중) : 전공분야 관련 시사적 논점에 대한 기본정보를 요약 정리하여 설명하는 능력이 다소 부족하다.
(하) : 전공분야 관련 시사적 논점에 대한 기본정보를 요약 정리하여 설명하는 능력이 매우 부족하다.</td></tr>
<tr><td rowspan="2">평가 도구</td><td>학습성과 달성도 평가</td><td colspan="2">• 에세이 평가 • 졸업예정자 설문조사</td></tr>
<tr><td>성취과정의 분석평가</td><td colspan="2">• 교과목 포트폴리오 • 학생포트폴리오 • 재학생 설문조사</td></tr>
<tr><td rowspan="4">루브릭</td><td>평가도구</td><td>평가의 주안점</td><td>채점 기준(5점)</td></tr>
<tr><td rowspan="2">에세이 수행평가</td><td rowspan="2">졸업 예정자를 대상으로 시사적 논점에 대하여 에세이로 표현하여 본인의 의사를 확인함</td><td>상 : 4.0점 이상</td></tr>
<tr><td>중 : 2.0~3.9점</td></tr>
<tr><td>졸업예정자 설문조사</td><td>졸업 예정자를 대상으로 설문조사를 통해 학생개인의 의사를 설문조사함</td><td>하 : 1.9점 이하</td></tr>
</table>

〈표 11〉 학습성과 10의 간접평가(설문조사 내용 및 응답자 수)

PO10 설문조사 내용	응답내용					비고
	5	4	3	2	1	
1) 시사적 정보 인지도는 어느 정도인가?	2	3	7	1	3	
2) 재학기간 중에 시사관련 워크샵(세미나) 및 행사에 참여도는 어느 정도였는가?	4	5	7	0	0	
3) 시사관련 잡지 및 신문 구독은 어느 정도인가?	2	3	4	2	5	
4) 에세이 작성시 주어진 주제에 대한 논리적 전개 능력은 어느 정도인가?	3	0	12	1	0	
합　　계	11	11	30	4	8	205
평 균 치	3.20					

과 제

1. 본인이 속한 프로그램의 학습성과 12개는 무엇인가?

2. 본인이 속한 프로그램의 학습성과 12개를 달성하기 위한 기준은 무엇인가?

3. 본인이 속한 프로그램의 학습성과 12개를 달성하기 위한 계획을 작성하여 제출하시오.
(교과목이수 및 교과 이외의 영역에 대한 달성 계획)

8. 학생 포트폴리오 작성

포트폴리오(Portfolio)는 원래 '서류가방' 또는 '자료수집철'을 의미하는 것으로 대학 전 과정의 교육적 성과인 동시에 자신의 지식과 능력, 경험 등을 포괄하여 나타낼 수 있는 기록이다. 따라서 포트폴리오는 자신의 능력을 보여 주는 귀한 자료이므로 자신의 과제물이나 작품 중 잘된 것을 정리해 놓고 관리해야 한다. 최근 이력서와 함께 포트폴리오의 제출을 요구하는 회사가 많으므로 대학기간 동안의 활동보고서, 공동 프로젝트, 발표내용, 사진 등과 함께 자기소개서, 학습을 마무리하면서 느낀 점과 의견 등을 정성껏 작성해서 제출해야 한다.

포트폴리오는 미래의 고용주에게 엔지니어의 전문적인 재능을 드러나게 하며 짧은 면접과정에서 자신의 학습 경험 및 전공기술능력과 일을 체계적으로 관리하는 능력과 창의력을 전달할 수 있는 기능을 한다.

학생 포트폴리오는 장기간에 걸친 학생의 학습과 성장을 타당하게 평가할 수 있는 방법을 제공하며 자기반성을 통하여 실제적 학습을 가능하게 한다. 하지만 포트폴리오의 운영 실태에 따르면 실시에 있어 시간 소요, 장기 보관의 어려움 등으로 인하여 일회적이고 평가를 위해 형식적으로 운영되고 있는 실정이다. 우리대학의 학생포트폴리오의 작성과 관리 현황과 체계적인 포트폴리오의 관리와 방안이다.

8.1 학생포트폴리오 작성 체계

포트폴리오는 학습자 평가뿐만 아니라 교수학습을 촉진하며 학생 스스로의 평가와 다른 학생의 평가 기회를 제공한다. 또한 포트폴리오의 결과를 포함한 그 과정의 평가도 중요하다. 학습자 자신의 관심과 노력을 직접 표현가능하며 산출물에 대해 누가적·체계적보관이 가능하다. 이에 우리대학은 2006년 공학교육인증을 실시함과 동시에 학생포트폴리오 작성에 무한한 관심을 가지고 신입생들의 입학과 동시에 포트폴리오 바인더를 센터에서 지원하고 있으며 포트폴리오 설명회 등을 통해 중요성과 필요성 및 작성 방법 등을 일깨워 주고 있다.

매년 센터에서는 신입생이 입학 동시에 포트폴리오 바인더를 제작하여 학과 사무실에 배포함과 동시에 학과에서는 사무실에 비치하여 학생들이 4년 동안 포트폴리오에 필요한 자료들을 정리하며 취업할 기업의 면접시 제출하게 된다. 우리 대학의 포트폴리오 체계는 아래의 〈그림 4〉와 같다.

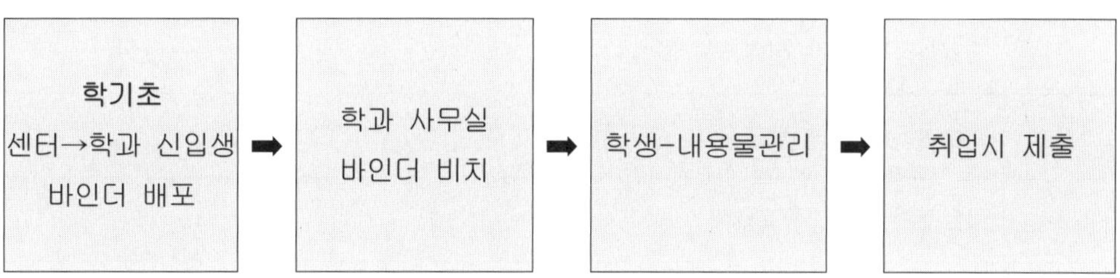

〈그림 4〉 학생포트플리오 운영

8.2 학생포트폴리오 구성 및 사례

포트폴리오는 학생들의 대학 전 과정의 교육적 성과인 동시에 자신의 지식과 능력, 경험 등을 포괄하여 나타낼 수 있는 기록이며 주어진 교과과정에 대한 현재까지의 교육목표 달성정도와 학습성과 달성수준을 자체 평가할 수 있는 자료가 된다. 따라서 학생들은 입학과 동시에 학생포트폴리오 바인더와 e-포트폴리오를 4년 동안 관리하여야 하며 포트폴리오는 학생 자신의 능력을 보여 주는 귀한 자료이므로 포트폴리오의 구성 또한 학생들의 큰 과제이다.

〈표 12〉 학생포트폴리오 내용

번호	구 성
1	학생정보
2	각종 활동 기록표
3	수학계획서
4	학습성과 달성 자체평가
5	교과목 이수기록표
6	학생상담기록표(정기 및 수시)
7	교과과정에 얻은 설계 과제물 내용 요약
8	이수과목 과제물 보고서 및 발표물 요약
9	포트폴리오 점검표국내외
10	국내외 학회 발표 논문(해당자)
11	토익, 토플, 각종 자격증 사본(해당자)
12	동아리 또는 봉사활동에 관한 증빙물/사진(해당자)
13	교환학생 및 어학연수 경력 보고서(해당자)
14	산업체 인턴쉽 프로그램 활동 보고서 및 평가서(해당자)
15	기타 본인의 활동 및 경험을 나타낼 수 있는 자료(해당자)

8.3 학생포트폴리오 관리

현재 우리대학은 각각의 심화프로그램에서 포트폴리오를 관리하고 있으며 학과에 바인더를 비치하여 학생들이 필요할 때 마다 수시로 관리를 하고 있다. 이 또한 문제는 발생한다. 첫째, 학과에서 비치하다보니 학생들이 포트폴리오 바인더를 자주 접하지 못하다보니 거의 관리가 되지 않고 있다. 우리대학은 교수학습개발센터와 공학교육인증센터에서 각각 학생포트폴리오 경진대회를 실시하고 있으며, 경진대회에 필요한 포트폴리오 설명회, 포트폴리오 작성 지원, 경진대회 시상 등을 하고 있다. 경진대회를 통하여 학생들은 포트폴리오의 중요성을 알게 되며, 기업체에 나가기 전 자신의 포트폴리오를 점검하는 중요한 계기가 된다.

둘째, 신입생이 계속 들어옴에 따라 포트폴리오 바인더는 수없이 늘어나게 되고 학과의 비치장소는 한정 되어 있으므로 이를 보관할 장소의 제약을 받게 된다.

셋째, 학생들은 바인더에 자신의 모든 것들을 정리하고 관리하기에 바인더를 분실한 경우에는 큰 문제가 된다.

이러한 문제점들이 대두되기에 e-포트폴리오는 이러한 단점을 보완하는 중요한 자료가 된다. e-포트폴리오는 공간의 제약을 받지도 않거니와 분실의 위험성도 없다는 장점이 있다. 그러나 이 또한 문제점은 발생한다. 짧은 면접과정에서 e-포트폴리오는 한눈에 학생의 능력과 창의력을 전달할 수 없을 뿐더러 인터넷설치 등의 제약을 받게 된다. 또한 인터넷 상의 공간적 제약을 받기도 한다. 위의 나열된 모든 문제점들을 해결하기 위한 방안으로 포트폴리오 바인더와 e-포트폴리오의 적절한 절충이 필요하다.

과 제

1. 본인의 학생 포트폴리오가 어디에 있는 지를 학과 조교에게 문의하고, 본인의 본인의 학생 포트폴리오를 확인한다.

2. 본인의 학생 포트폴리오에 들어갈 내용을 교과목과 교과목 이외의 내용으로 구별하여 A4 용지 한 장에 정리하여 제출하세요.

9. 캡스톤 디자인 교과목

9.1 캡스톤 디자인의 유래

설계 중심 수업이란 프로젝트 수행을 수업의 중심에 두고 있는 수업을 말한다. 프로젝트라는 말은 '앞으로 던지다', '멀리 던지다'라는 뜻을 가진 라틴어 프로이체레(PROICERE)에서 유래하였다. 근래에 들어와 프로젝트(project)라는 말은 '계획하다, 기획하다, 초안을 잡다' 등의 뜻으로 전용되었고, 계획한 것의 실현이라든지 마음속에 있는 것을 구체화하고 형상화하는 과정이라는 의미를 지니게 되었다. Bruce & langdon은 프로젝트를 '어떤 일을 제한된 시간과 예산의 범위 내에서 완수할 수 있도록 계획을 세우고 실천하여 목표를 달성하는 일련의 과정이 포함된 과제'라고 정의하였다.

독일산업표준규격(DIN 69901)은 프로젝트의 특징을 ① 분명한 목표 ② 제한된 자원 ③ 복합성 ④ 통합성과 간학문성(interdisciplinary) ⑤ 시간적 제약 ⑥ 독창적 문제해결 요구 등 여섯 가지로 정의하였다. 이 개념은 교육방법으로서만 사용되는 것이 아니라 일반적으로 연구 프로젝트, 광고 프로젝트, 제품 개발 프로젝트 등 다양한 의미로 사용된다. 이러한 프로젝트의 개념을 교수-학습 상황에 도입, 적용한 것이 프로젝트법(project method)이다. 이 교수-학습법은 학습의 결과로서 구체적인 산출물을 만들어 내는 것을 목표로 삼고 일련의 학습 활동을 전개하는 것이다. 이 과정에서 학생은 과제를 파악하고 과제 수행에 필요한 정보의 수집, 과제 수행 과정의 계획, 수행 및 점검, 평가 등 다양한 활동을 체험하게 된다 학생이 주도적으로 과제를 수행하는 동안 교수자는 지원자, 관찰자, 상담자의 역할을 한다.

일반적으로 프로젝트법이 킬패트릭의 "프로젝트법"(project method)이라는 논문에서 기인한다고 소개되고 있지만, 사실은 미국에서 이 개념이 형성·발전되는 데 기여한 존 듀이(John Dewy)의 공헌을 간과할 수 없다. 진보주의 교육운동의 주창자였던 듀이는 프로젝트 수업이론의 발전에 크게 기여하였다. 듀이는 1890년대에 그가 운영하였던 시카고 실험학교에서 "활동적·사회적 직무"(active social occupation)라는 수업의 개념을 실행하였다.

이 수업 개념의 배경에는 인간의 사고 이론에 토대를 둔 "method of projection"이라는 개념이 깔려 있다. '직무'(Occupation)는 일련의 교육활동의 과정으로 통합하는 계기로서 "경험의 질"을 향상 시키는 역할을 하였다. 듀이는 '경험에 의한 학습'(Learning by doing)을 주장하였다. 듀이에 따르면 경험은 인간과 그를 둘러싼 환경 사이의 상호작용 과정에서 생성된다. 이 상호작용 과정에서 갈등과 장애가 발생하면 인간은 자신이 가지고 있는 행동 유형들을 돌이켜 보고 이 상황을 "프로젝트브"하게(상상속으로, projective) 숙고하고 해결책을 구하며 대안을 모색한다.

윌리암 캘패트릭(William H Kilpatrick)이 프로젝트법의 대가로 인정받게 된 것은 그가 진보주의 교육의 중심 사상과 흐름에 프로젝트법을 통합시키고 그것을 쉽게 성찰할 수 있도록 표현하였기 때문이다. 킬패트릭은 프로젝트란 "구체적 생활환경 속에서 전력을 기울여 목적을 추구하는 활동"(wholehearted purposeful activity)이라고 하였다. 그가 거론했던 프로젝트의 사례는 다음과 같다. "예를 들어 학생들은 한 장의 편지를 쓸 수 있다.(간절한 목적이 잇는 경우에), 어린이가 몰입하여 이야기를 듣게 하는 것도 프로젝트이고, 아이가 학자들이 다루는 진정한 기하학적 문제를 풀면서 목적을 느낀다면, 목적의식을 갖고 프랑스어의 불규칙 동사를 외운다면 그것도 프로젝트이다".

학생들이 맡는 것마다 목적 있게 행해지면 그것이 모두 프로젝트라는 것이다. 그래서 Killpatrick은 프로젝트를 "마음에서 우러나는 유목적적 활동"이라고 정의하였다. 목적은 활동의 자유를 전제로 삼았다. 목적이 상실되면 그땐 프로젝트가 고역인 힘든 일이 된다. 그래서 Killpatrick은 프로젝트를 수행하는데 학생들의 동기를 중요한 특징으로 정하였다.

Woodward는 프로젝트를 종합실습으로 보았다. 종합적인 실습은 학기 초에 서로 독립적으로 학습한 선반, 증기기관 또는 전기 기계장치 등과 관련된 기초 기술들을 서로 연관시켜 적용하는 것이다. Woodward는 이를 "교수에서 제작으로 체계적인 발전이 이루어지는 것"으로 보았다.

그러나 Rechard는 실물제작과 프로젝트 작업은 교육과정의 마지막 목표가 될 수 없다고 생각하면서, 오히려 실물 제작은 수기훈련(manual training) 또는 그가 제안한 산업기술의 출발점이어야 한다고 생각하였다.

1920년대 말에 프로젝트법은 미국의 진보주의 운동과 함께 인기의 절정에 달했지만 1950년대 들어와 학문 중심 교육과정 운동이 대두되면서 진보주의 교육과 함께 쇠퇴하기 시작하였다. 프로젝트법이 계속해서 발전하지 못하고 쇠퇴한 원인으로는 교육과정 개발 이론으로서 갖는 적용상의 한계를 들고 있다. 이것은 프로젝트 교육과정이 자칫 단편적이고 통일성이 없으며, 학생의 우연적인 흥미에 의존하므로 계획성과 계열성이 없으며 그 성과에 대한 객관적인 평가가 곤란하다는 견해이다. 프로젝트 아이디어의 원조라고 할 수 있는 듀이 자신이 1938년에 프로젝트법이 유아적 절대주의, 방법론에 대한 맹신에 빠지고 있다.고 경고하였다. 그러나 이들은 추구했던 많은 것은 교육학의 유산으로 남아있다.

1970년대에 들어와 프로젝트법의 가치를 다시 발견하고 적용하기 시작하였다. 이것은 1차 오일쇼크 이후 급격히 전개된 산업구조변화가 근로자들에게 변화에 능동적으로 적응할 수 있는 유연성을 요구한 것과 밀접한 관련이 있다. 또한 1980년대 이후 독일의 직업기술교육 현장에서 프로젝트에 관한 많은 연구 결과가 발표되었다. 이것은 1985년에서 1990년 사이에 CNC나 산업용로봇 등이 도입됨과 아울러 변화된 산업체의 업무 능력을 향상시키는데 프로젝트법이 적합한 것으로 판단되었기 때문이다. 직업교육 분야에서는 'back to the basic'운동에 관심이 모아졌으며, 1990년대 미국에서는 SCANS와 같이 직업기초 능력을 육성하기 위한 프로그램들이 등장하였다.

우리나라의 경우 최근 공학교육인증의 도입에 따라 설계 교육의 강조와 함께 프로젝트 수업에 대한 관심이 높아진 직접적인 원인이다. 그러나 배후에는 1980년대 초부터 공업교육 분야에서 기초교육의 강화에 대한 논의가 전개되었고, 1980년대 말의 참교육, 1990년대의 열린교육, 수행평가 등을 통해 누적된 경험도 이러한 관심의 배후를 이루고 있다고 볼 수 있다. 특히, 프로젝트법이 학생들이 흥미를 불러일으킬 수 있다는 점이 프로젝트법에 관한 관심의 중심 요소가 되고 있다.

9.2 캡스톤디자인 설계교수법의 도입 이유

1) 요소 기능의 단계적 숙달 방법의 효과와 한계

지식기반사회가 학교교육에 부과하는 과제는 크게 두 가지이다. 첫째, 학교교육은 지식을 소비하는 것에 그치지 않고 기존 지식을 잘 소화하고 재구성하여 새로운 지식을 생산할 수 있는 사람을 길러야 한다. 지식기반사회는 자기 주도적으로 배우고, 기존의 지식을 다양한 방식으로 활용하고 재구조화하여 지식의 부가가치를 높일 수 있는 창의적 인재를 요구한다. 둘째, 학교교육은 학생들이 스스로 정체성을 이해하고 보존하며 스스로 가꾸어 나갈 수 있는 자기 주도성을 배양할 수 있도록 도와주어야 한다.

직업기술교육의 제도적 발달 과정에서 '실습장(shop)'의 탄생은 하나의 획기적인 계기가 되었다. 산업의 분업화, 대규모화, 기술의 추상성 증대, 생산 공정의 합리화 등에 따라 초보자가 숙련자의 일을 도와주면서 관찰하고, 모델링하고, 시행착오를 거치면서 숙련이 되어 가는 것이 곤란하게 되었을 즈음에, 공장 또는 학교에 '실습장'이 설치되었던 것이다. 그렇게 됨으로써 현장의 생산리듬과 시간적 압박에 구애 받지 않고 단순한 요소 작업부터 시작하여 순서에 따라 체계적으로 기술을 익힐 수 있게 된 것이다. 실습장에서의 교육은 현장과의 분리에서 얻을 수 있는 교육환경으로서 당시 많은 직업기술교육학자들에게 크게 환영을 받았다. 그러나 실습장의 제도화는 이제 보호된 교육장으로서 실습장 현장과의 괴리에서 갖고 있는 문제에 봉착하게 되엇다 그것은 실습장을 현장과 결부시키지 않고, 요소 작업의 체계적 숙달 장소로 사용하고 있기 때문이다.

기능 검정을 목표로 단계적 숙달을 위해 부과되는 단편적인 과제의 요소 작업들은 생산현장의 실제 작업 상황과 무관한 경우가 많으며, 생산 과정의 상호 연관 관계에 대한 통찰력을 얻을 기회를 주지 않고, 가동된 시편 등은 고철로 분류되어 버려지는 일이 보통이다. 학생들은 결국 쓸모 있는 제품이 아닌 폐기물을 제작함으로써 노동의 의미와 보람을 경험하지 못한다. 이러한 요소 기능 단순 반복 실습의 문제점으로부터 탈피하지 않으면 탈 산업사회, 지식기반사회가 요구하는 현장 적응력을 갖춘 자율적인 기술자를 기르기가 곤란하다. 그것은 이 실습 방식이 산업사회의 요구에 맞게 조율되어 있기 때문이다.

이 교수-학습 방법은 직업 기초 능력의 육성이라는 관점에서 다음과 같은 문제점을 갖고 있다. ① 학생들은 요소 작업 또는 요소 기능의 용도와 배경을 이해하지 못함으로써 기능의 응용이 어렵다. ② 학생들은 특정 작업 방법을 적용하는 것만 배울 뿐 문제 갖 헉결하는 능력을 기르지 못한다. ③ 실습에 임하기 전에 이론을 가르치는 것은 감수능력, 직관 능력이 자라는 것을 방해하고 자주적인 판단을 막는다. 이러한 문제점을 안고 있는 요소 기능의 단계적 숙달 방법을 대체할 수 있는 교수-학습 방법은 무엇인가? 이것의 대안이 캡스톤디자인을 기본으로한 설계교수법이 하나의 대안이 될 수 있다.

2) 캡스톤디자인 교육(통합적 수행 중심 교수-학습 방법)

과학기술의 급격한 발전, 산업구조의 변화, 직업의 생성과 소멸 주기의 단축으로 핵심 직업 기초 능력 보유의 중요성이 점점 더 강화되고 있다. 일반적으로 직업 능력은 직업 기초 능력과 직무 수행능력으로 구분되는데, 직업 기초 능력은 대부분의 직업에서 공통적으로 필요한 능력을 말하며, 직무 수행 능력은 각 직종마다에서 각각 독특하게 요구되는 능력을 말한다.

교육방법에 있어 통합적 접근은 교과목간 경계가 높아지고, 지식과 경험이 실생활로부터 멀어지는 문제에 대응하기 위하여 탄생하였다. 사회가 급속히 변화함에 따라 학교와 사회, 학문과 생활, 지식과 경험, 이론과 실제사이의 틈이 생기고 그 간격을 극복하기 위하여 교과 통합이 시도되었다. 이러한 시도는 일찍이 프로젝트법을 보급, 확산하는데 기여한 킬패트릭이 "어린이에게 민주주의가 요구하는 지도력, 창의성, 탐구 정신을 기르고자 한다면 어린이다. 그렇게 살도록 해야 한다"고 주장한 것과도 연관된다. 브루너가 지식의 구조라는 개념으로 학문간 세분된 영역 구분을 지양하려고 한 것도 일종의 통합의 시도로 볼 수 있다.

직업기술 분야에서는 공장자동화 분야 기술자 교육을 위해 기계, 전기, 전산 등 기술 분야의 통합(미시적 통합)뿐 아니라 생산 공정, 기업조직, 정치, 사회 등과 관련된 자주적 행위 능력 개발도 기술적 지식과 통합적으로 가르칠 수 있는 방안(거시적 통합)을 제안한 사람이 있었다.

다음은 통합적 수행 중심 교수-학습 방법과 관계있는 캡스톤디자인 설계교육학습에 대해 살펴보고자 한다. 캡스톤디자인 설계교육의 특징은 학생에게 완성된 형태의 지식이나 작업 방법을 가르쳐 주는 대신에 학생 스스로 찾아내도록 하는 것이다. 캡스톤디자인설계교육에서 학생은 실제 상황으로부터 배운다. 캡스톤디자인 설계교육을 직업기술교육 분야에 적용할 때는 실습과제로 요소 작업이 아니니 복합적인 과제를 부여한다. 상황과 연관된 실습이란 구체적인 직무 상황을 학습 상황에도입하는 것이다.

체계적 과제 중심 학습은 캡스톤디자인 설계교육의 중요한 요소인 스스로 생각하고 자율적으로 작업을 수행하는 학습 활동을, 학습목표와 실습내용이 정해진 교육과정에 맞추어 교과를 운영해야 하는 상황에서, 교육과정이 허용하는 범위 내에서 도입하고자 하는 절충적 접근이라 할 수 있다. 즉, 이는 직업기초 능력 육성이라는 목표를 달성함과 동시에, 전공 분야 직무 수행 능력 육성과 관련해서는 체계적이며, 조직적이고 통제가 가능한 실습 교육을 운영할 수 있게 하려는 것이다. 체계화된 과제 중심 실습 방법도 캡스톤디자인 설계교육법과 마찬가지로 전통적인, 완벽하게 조직된 단위 기능 본위의 실습 체계를 개혁하기 위한 시도 중의 하나이다.

캡스톤디자인 교육법은 과제 중심 학습의 원리를 적용한 교육 훈련 기법 중의 하나로, 요소 기능의 단계적 숙달 방법이 가지고 있는 탈현실성을 극복하는 방법으로 도입되고 있는 것이다.

9.3 설계 학습의 장점과 단점

1) 설계 학습의 장점

설계 학습은 학생의 흥미에서 출발하므로 확실한 '학습동기유발'이 이루어진다. 그리고 자신이 계획하고 실행하므로 학습을 통해 '자주성과 책임감 훈련'을 시키는데 도움이 된다. 또한 창의성과 연구심을 중요시하므로 '창조적, 연구적 태도 육성'에 적합하다. 설계는 생활에 있어서 실제적인 문제해결 경험의 기회를 주므로 '학교 생활과 실제 생활을 결합'시키는데 매우 유용하다. 일반적으로 수업은 시간이 제약되어 있지만 설계는 끝까지 작업 수행을 요구하므로 학습에 대한 인내심과 작업을 완수하는 일에 대한 즐거움을 갖게 한다. 실제로 설계는 혼자 수행하는 것보다 팀웍을 이루어서 수행하게 되므로 집단적 프로젝트 수행법은 '협동성, 지도성, 희생정신 함향'에 도움이 된다.

2) 설계 학습의 단점

설계 학습은 학생 자신의 계획에 의해 실시되므로, 그만한 능력이 부족한 학생에게는 시간과 정력의 낭비에 그칠 우려가 있다. 또한 집단적 프로젝트 학습이 이루어지는 경우에 일부 우수한 학생이 학습을 독점할 가능성이 있다. 설계 주제가 문제해결을 위하여 자료가 많이 필요할 경우 자료를 얻지 못하여 실패할 가능성이 있다.

학생 자유 활동이 보장되므로 경우에 따라서는 수업의 무질서가 우려된다. 교재의 논리적 체계가 무시될 수 있다. 따라서 이러한 장단점을 갖는 프로젝트법을 적용하여 학습을 지도하는 경우에는 여러 가지 곤란이나 문제를 극복해야 한다.

3) 설계 학습 적용상의 유의점

실생활과 유사한 학습 환경 속에서 학생 스스로가 과제를 수행해 나가는 과정을 통해, 학습의 이론 부분과 실습 부분이 자연스럽게 통합될 수 있으며, 이와 같이 실생활과 연계된 수업은 이공계 학생들에게 필요한 현장 적응력 및 문제해결 능력을 길러준다. 그러나 프로젝트 학습법은 비교적 지적 능력과 조작적 능력 및 끝까지 과제를 수행프로젝트 학습법끈기가 요구된다. 그러나 교과학습 능력과 학습 동기가 부족한 경우에는 문제를 해결할 만큼의 동기 유발이 이루어지지 않는 경우가 발생될 수 있으며, 어려운 문제를 과제로 선정하게 되면 이론적 기초 지식이 부족한 상태에서 학생들이 과제를 쉽게 포기할 수도 있으며, 또한 집단에 따라 각기 독립된 과제를 수행시 교수의 교수 범위가 넓어져 통제가 어려워지는 등 여러 가지 현실적인 문제가 발생할 수도 있다.

학습활동에서는 학생의 흥미나 요구를 중요시함으로써 학습과정에 있어서의 제반 교육

훈련이 경시되기 쉽다. 프로젝트법은 프로젝트마다 끊어서 단편적으로 하기 쉽다. 그러므로 연속적 과정으로서의 학습 발전을 곤란하게 하는 경우도 있다. 따라서 교수는 각 프로젝트 사이의 연락 조절을 잘 갖추도록 지도에 유의해야 한다. 또한 설계는 학과의 전체적인 교육계획과 조화되는 것이어야 한다.

9.4 설계 수행 중심 수업의 전개 계획

설계 학습이 종종 효과가 없는 것으로 나타날 때가 있는데, 이는 기존의 수업 지도안 양식(도입→전개→평가→정리)을 그대로 적용하려 하기 때문이다.

설계 수업은 작업에 대한 심리학(labor science)에 이론적 배경을 두고 있다. 설계 수업은 작품을 제작하는 수업이다. 지금까지 설계 수업에 대한 경험적인 연구물들은 있지만, 왜 그렇게 되어야만 하는가에 대한 연구는 없었다. 여기서 떠오른 것이 '두뇌 기반 학습'이다. 여기 새로 제안하는 7단계 설계 수행 중심 수업 모형은 이 대뇌에 대한 연구와 부합된다.

변화를 주는 것이 학습이 일어나는 조건이다. 변화가 일어나는 분기점(transformation line)이 학습이 일어나는 시점이다. 변화는 성찰(reflection)의 과정을 통해 얻어진다. 산출물을 내는 데는 일반 실습과 프로젝트 실습에 차이가 없다 그러나 프로젝트 실습에는 과정(process)에 대한 성찰이 있다.

〈그림 5〉에 순환학습모형을 참조하여 캡스톤디자인의 핵심학습활동으로 "팀 빌딩하기→산학협력회사와 meeting하기→과제 분석하기→과제 명료화하기→과제해결 방안찾기→해별방안의 우선순위 도출하기→해결방안 설계/제작하기→결과물 전시 및 발표하기→종합 성찰하기"의 과정을 수업프로세스로 설정하였다.

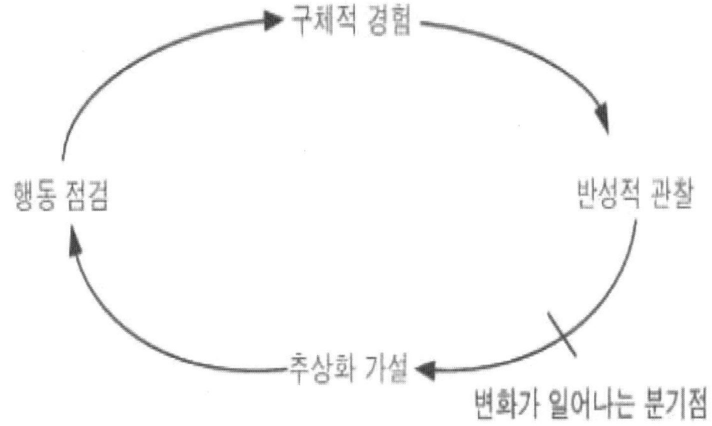

〈그림 5〉 순환학습모형

캡스톤디자인 교과목은 학생 스스로 문제해결을 위한 해답을 찾아야 하는 특성을 지니고 있다. 따라서 학생간의 피어 리뷰(peer-review)는 다른 학생의 해답을 평가하면서 학생 스스로 자기 자신의 결과물에 대한 교정할 기회를 제공함으로써 학생 스스로 좋은 해답을 찾도록하는 기회를 제공하여 피어리뷰 이후에 지도교수 코멘트를 통하여 학습의 제계화, 구조화를 높이는 효과를 가지게 된다.

캡스톤디자인 교과목의 세부단계는 '주제설정' '범위설정' '도메인분석' '시스템구성설정' '세부설계및타당성분석' '구현및테스팅' 단계로 이루어진다. '주제선정' 단계에서는 팀별로 주제를 스스로 선정하도록 하여 자율성을 높이며, '범위설정' 단계에서는 프로젝트 요구사항, 제약조건, 일정을 작성하며, '도메인분석'에서는 프로젝트 관련 배경조사 및 결과물의 기능을 작성한다. '시스템설계단계'에서는 외부환경을 고려한 시스템 구성도를 작성하며 '세부설계 및 타당성부석'에서는 시스템 구성도를 확장하며 설계 대한에 대한 타당성을 분석을 하고, 이 단계가 끝나고 구현에 착수하도록 한다.

캡스톤디자인의 핵심 아이디어인 창의성, 문제해결력, 팀러닝, 상호 의사소통, 력이 포함된 산학연계의 과제를 해결하고 이를 결과물로 제작하기 위한 캡스톤디자인의 핵심학습활동 및 지원요소는 〈표 13〉에 수행활동프로세스별 핵심학습활동내용과 구체적 활동을 보였고, 〈표 14〉에 수행활동프로세스에 따른 구성원들의 지원요소를 열거하였다.

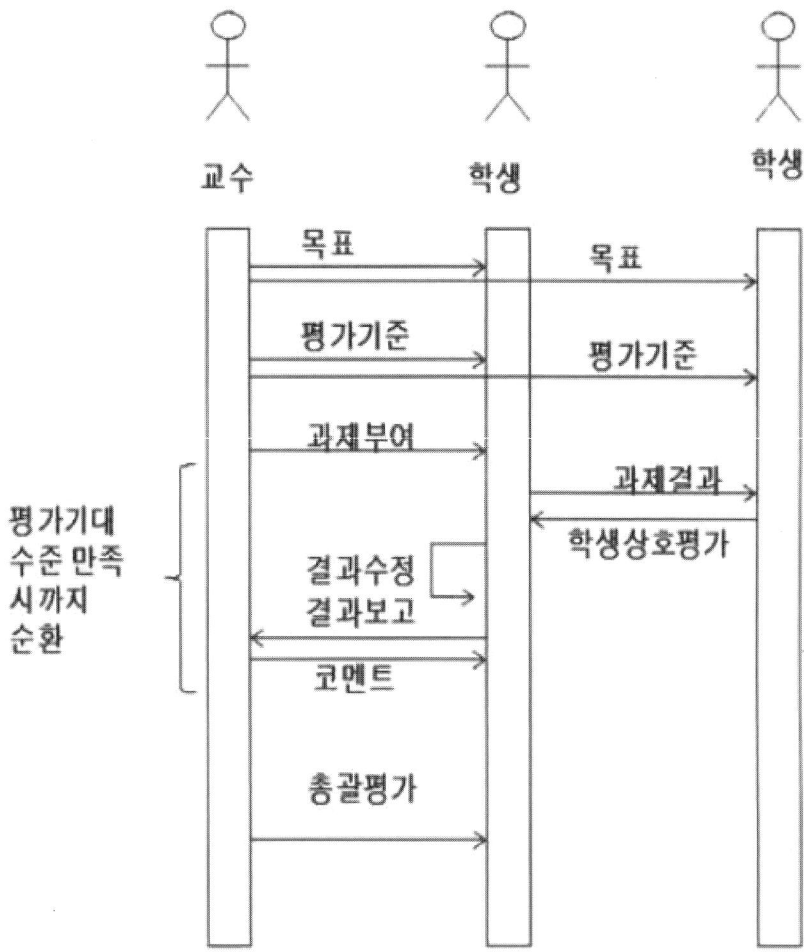

〈그림 6〉 형성평가 기반의 캡스톤 디자인교과목 내의 피드백 구조

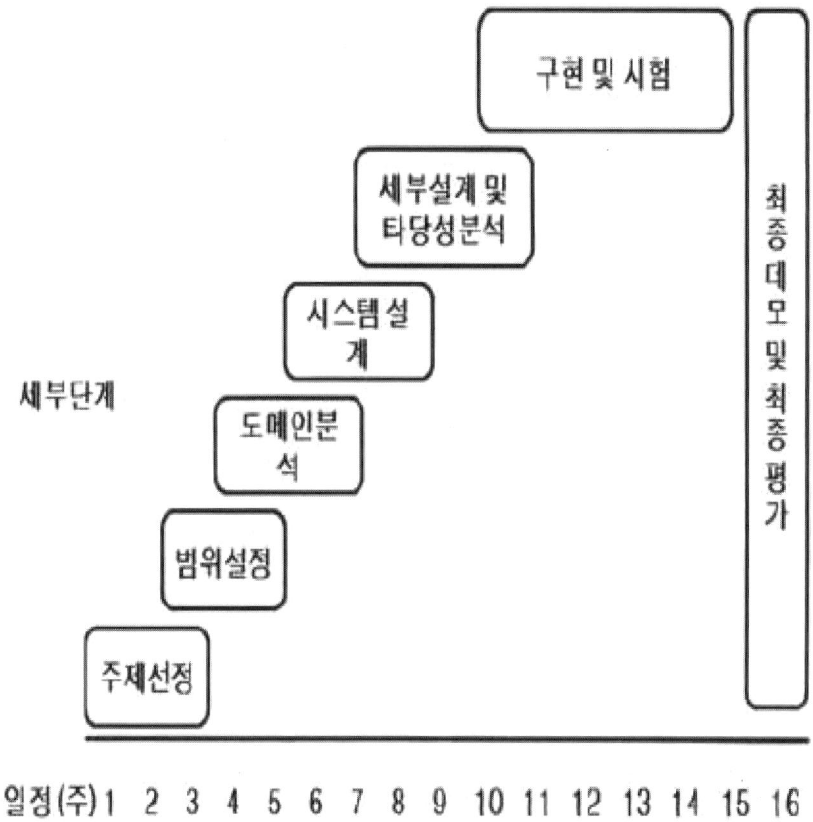

〈그림 7〉 캡스톤 디자인 교과목 세부 단계

〈표 13〉 캡스톤디자인 학습활동 프로세스

순서	절차	핵심학습활동내용	구체적 활동
1	팀빌딩하기	· 과제 수행을 위한 최적의 팀을 선정하고 조직한다. · 과제 수행을 위해 팀에서 해야 할 role, rule을 결정하고 목표를 확인한다. · 팀원간의 유대관계를 다진다.	· 팀 선정 및 조직하기 · 팀 목표 확인하기 · 팀 상호작용하기
2	산학협력미팅하기	· 산업체의 요구를 분석한다 · 요구분석을 통해 수행하야 할 핵심 문제를 발견한다.	· 산업체 요구분석 · 핵심문제발견
3	과제분석하기	· 핵심문제 안에 있는 달성(목표)과제를 분석해 낸다. · 과제 수행을 위한 이미 알고 있는 내용과 더 알아야 할 내용을 파악한다.	· 과제분석 · 더 알아야 할 내용 분석
4	과제 명료화하기	· 더 알아야할 내용의 학습을 위해 협동적 팀러닝을 실시한다. · 팀러닝 후 과제 해결을 위한 아이디어를 발견한다.	· collaborative team learning · 과제 해결 아이디어 발견하기
5	과제 해결방안 찾기	· 다양하게 발견된 아이디어 중 창의성에 따른 해결방안을 찾아낸다. · 해결방안을 다양하게 찾아낸다. · 다양한 해결방안 도출을 위해 윈-윈의 팀원간 생산적 토론을 진행한다.	· 창의성에 따른 해결방안 찾기 · 다양한 해결방안 찾기 · 팀원간 생산적 토론하기
6	해결방안 우선순위 도출하기	· 생산적 토론의 결과로 실현가능한 해결방안을 도출해 낸다.	· 실현가능한 해결방안 도출하기
7	해결방안 설계/제작하기	· 수렴된 해결방안을 바탕으로 과제수행을 위한 설계안을 작성한다. · 과제 수행안을 바탕으로 과제(product)를 제작한다.	· 과제 설계안 작성하기 · 과제 제작하기
8	결과물 전시발표하기	· 제작된 product을 전시한다. · 제작된 product,의 전시에서 발표를 진행한다. · CD수행의 결과로 진로를 결정한다.	· 결과물 전시하기 · 결과물 발표하기 · 진로 선택하기
9	종합 성찰하기	· product의 결과를 성찰한다. · product 제작하기 과정과 CD 수행 과정 전체를 성찰한다. · KWL의 중심으로 자기 성찰을 진행한다.	· 제작물 성찰하기 · 제작 과정 성찰하기 · 자기 돌아보기

〈표 14〉 캡스톤디자인 프로세스에 따른 지원요소

순서	절차	지원요소		
		교수자	산업체전문가	학생
1	팀빌딩하기	· 진단검사 사용법		· 팀선정을 위한 각종 진단검사지
2	산학협력미팅하기	· 생산적 대화 기법의 설명 · 팀별 정리노트 사용법 · recreation 능력 · 팀원 특성파악		· 생산적 대화 기법 · 규칙정리용 노트 · 팀원 특성 파악 · 팀원 연락망
3	과제분석하기	· 요구분석을 위한 산업체 기초자료 · 요구분석을 위한 과제 특성 파악 기초자료 · 의사소통라인 유지 · 문제 관련 자료 · 핵심문제 관련 예시 제공 · 체크리스트 사용법	· 재정지원 · 행정지원 · 의사소통라인 유지 · 문제 관련 자료	· 요구분석을 위한 업체의 각종 자료 · 재정지원 · 행정지원 · 의사소통라인 유지 · 문제 관련 자료
4	과제 명료화하기	· 문제상황과 관련된 scenario이해 · scenatio 작성법에 대한 이해 · trade-off 작성에 대한 이해 · KWL 사용법 · 학습자의 사전 학습 상태 점검 · 다양한 질문 기법		· SBRA 용지 · trade-off 작성 용지 · 각종 task analysis 작성 용지 · KWL 사용법 숙지
5	과제 해결방안 찾기	· 학습에 한 각종 tool, 템플릿 제공하기 · 학습지원을 위한 각종 자료를 웹상에 업로드 · CPS 사고 기법 제공 · 점검을 위한 각 팀 활동 점검지 · 아이디어 판단하지 않기 능력 · 각 팀의 구성원을 격려하기 위한 능력 · 창의성의 특성 사전 숙지 · CPS 사고 기법 제공 · 점검을 위한 각 팀 활동 점검지 · 각 팀의 구성원을 격려하기 위한 능력		· 과제 내용 학습, 과제 방법 학습, 학습하는 방법의 학습에 관한 각종 tool, 템플릿 제공 받기 · CPS 사고 기법 활용을 위한 공간적 지원 · 과제 해결방안에 대한 이해 · 창의성 숙지
6	해결방안 우선순위 도출하기	· 수행목표 숙지 · 해결방안 도출을 위한 각종 자료 이해 · CPS사고기법		· 과제의 특성 파악 · 수행복표 숙지 · 결과에 대한 이해 · 해결방안 도출을 위한 각종 재료 제공
7	해결방안 설계/제작하기	· 생산적 토론 기법 · 팀내 토론 및 공유 분위기 제공 · 우선순위 결정 안내하기	· 생산적 토론 기법	· 생산적 토론 기법 · 해결방안 기록 방법 · 팀원간 해결방안을 공유할 수 있는 능력 · 우선순위 결정 안내 받기

순서	절차	지원요소		
		교수자	산업체전문가	학생
8	결과물 전시발표하기	· 과제 설계안 또는 템플릿의 항목 제공 · 다양한 과제 설계안에 대한 이해, 템플릿 작성 요령 사전 숙지 · product에 대한 내용과 제작 과정 및 방법에 관한 사전 이해 · 공간 배치, 미적 감각, product의 특이성 등에 대한 사전 이해	· product에 관련된 각종 정보 제공 · 완성된 product에 대한 이해 · 전시장 지원 - 대관 - 행정, 재정 · 전시장 안내 및 초대	· 템플릿 · 템플릿 작성 요령 · product 제작에 관한 각종 재료, 재정 지원 · 전시장 · 전시품 · 전시 초대장
9	종합 성찰하기	· product의 결과, 특성 등에 대한 이해 · presenation 기법 · 멀티요소 지원 · CD의 수행 전체 과정과 내용에 대한 이해 · 학점, 진학 등과 관계된 부분에 대한 행정적 지원 · 다른 CD 수행과의 연계성 · 수행목표에 대한 이해 · 각종 tool 사용법에 대한 이해 · product 결과물에 대한 이해 · CD 수행 전체 과정 숙지 · 학습자의 자기 성찰을 촉진하기 위한 faci능력	· 취업, 이직, 창업, 다른 CD와의 관련성 파악 · product의 결과와 사전 계획의 달성여부 확인	· 진로 탐색용 자료 - 진학자료 - 취학자료 - 창업자료 - 다른 CD자료 - 이번 CD 내용 추가 자료 · usability test 실행 및 사용법 · CD 수행 전체 과정에 대한 이해 · 자기 성찰하기를 위한 각종 지원 요소

9.5 설계 학습의 장점과 단점

평생 학습 사회를 살아갈 학생과 산업사회는 지속적인 기술 변화에 적응해야 한다는 점에서 직업 기초 능력 개발에 대한 요구에 있어 이해가 일치한다. 지금까지 어떻게 하면 실습 시간을 문제해결 과정이 포함된 경험의 시간으로 만들 수 있는가에 문제를 제기하고, 직업기초능력과 전문적인 직무수행 능력을 함께 개발할 수 있는 설계 수행 중심 교수-학습 방법의 이론적 배경을 탐색하였다.

설계로 가르치기 어려운 이유는 경험을 통해 스스로 배울 수 있도록 내버려 둘 수 있어야 하기 때문이다. 이것은 사람에게는 지식의 전달을 가장 쉽게 하고자 하는 본능이 있기 때문이다. 설계의 핵심은 경험을 통해서 배우도록 내버려 두는 것이다. 실기에 관련되 전문 지식, 해당 작업 능력배양에는 기존의 방법이 효율적일 수 있다. 현 시점에서 설계 학습에 주목하는 이유는 직업기초 능력을 가르치기 위해서이다. 즉, 문제해결 능력, 업무 추진 능력을 기르기 위함이다 설계학습은 학습의 과정을 성찰해 봄으로써 '학습하는 방법을 학습' 할 수 있도록 기회를 제공하기 때문이다. 직업 기초 능력의 관점에서 볼 때, 설계 학습이 독립적으로 사고하고, 독립적으로 행동하고, 독립적으로 책임지는 인간형성에 적합한 교수-학습 방법이라는 것이다.

예전 설계 학습 모형은 학생들이 설계를 수행하기 전에 그들이 그 다음에 실제적인 프로젝트에 독립적이며 창조적으로 적용할 지식과 기술을 배우는 것이었다. 그런데 최근의 설계 학습모형에 따르면 설계는 자연적인 것 모두가 학습의 주제가 되어야 한다는 새로운 심리학의 근본 개념에 따라 단원의 마지막에서 수업의 중심으로 이동하였다. 여기서 교육과정은 설계를 앞서는 것이 아니라 그 속으로 집약되어야 한다.

교육목표를 적용이나 전이 없이 사실만을 알게 하는 상황이라면, 교수법은 중요한 요인이 아니다. 그러나 교육목표가 실세계의 문제에 지식의 전이나 적용, 그리고 직업 기초 능력의 신장이라면, 설계 학습을 수업 구성에 포함시킨 것은 효과적인 전략이 될 것이다.

과 제

1. 선배들이 만들어 놓은 캡스톤디자인 작품 하나를 선정하여 이것에 대한 세부단계인 '주제설정' '범위설정' '도메인분석' '시스템구성설정' '세부설계 및 타당성분석' '구현 및 테스팅'단계에서의 내용을 각각 A4 용지 한 장에 요약하여 교과목 담당 교수님께 제출한다.

2. 프로그램의 설계교과목을 하나 선정하여 교과목의 설계 강의계획서를 복사하여 가상으로 캡스톤 디자인을 수행하여 본다.

제3부

공학계열학과

10. 공학계열 학과 정보

▌건축공학과(건설공학과, 건설시스템공학, 건설환경공학, 건축구조공학, 건축리모델링, 건축설계및계획, 건축설계학과, 건축설계학전공, 건축설비공학전공, 건축시공, 건축학과, 건축학전공, 구조공학과, 리모델링전공, 실내건축학, 지역건설공학전공, 건설환경철도공학과, 건축토목공학, 건설방재공학과, 건설환경철도공학과, 건축디자인전공, 건축시스템공학전공, 방재안전공학전공, 환경건설정보학과)

1) 졸업 후 진로

건설재료 생산공장 및 건설시공 현장의 품질 시험 요원, 기업체의 연구직, 국공립시험소, 레미콘사 및 콘크리트 제품 생산업체의 품질관리 관련 분야, 건설 구조물 안전진단업체, 건축직 공무원, 건축 감리, 건설 구조체 관련 컨설턴트, 건축설계분야(건축 설계 사무소), 건축시공분야(종합 건설회사), 연구소로 진출 할 수 있으며, 대학원 진학이 가능하다.

2) 관련 시험 및 자격증

건축기사, 건축목공산업기사, 건축일반시공산업기사, 건축설비기사, 건설기계기사, 도시계획기사, 조적산업기사, 건설안전기사, 건설재료시험기사, 건축사, 실내건축기사, 7·9급 공무원(건축직), 인테리어코디네이터(ICA) 2급, 소방설비기사, 토목기사, 품질관리기사, 전산응용건축제도기능사, 콘크리트기사, Auto Cad 1, 2급 기술자격, Auto CAD 공인강사자격, 3D Studio Max 기능인정시험 등

▌게임공학과(멀티미디어게임전공, 컴퓨터게임전공, 게임소프트웨어전공, 컴퓨터게임학, 게임모바일콘텐츠학과, 게임전공)

1) 졸업 후 진로

게임산업업체, 게임비즈니스, 게임소프트웨어업체, 방송영상분야(가상스튜디오 설계자 및 프로그래머), 영상과 음향제작관련 업체, 방송국 등으로 진출할 수 있다.

게임을 제작하는 각종 게임업체에 게임기획 및 제작 전문가로 진출이 가능하며 게임 인터넷 방송사이트 등의 게임분석 전문가로서의 활동도 가능하다. 특히 게임제작에서 배운 기술은 일반 프로그램을 사용자에게 더욱 친숙하게 만드는 데에 활용될 수 있으므로 일반 프로그램 개발업체에도 취업이 가능하다.

2) 관련 시험 및 자격증

게임그래픽전문가, 게임기획전문가, 게임프로그래밍전문가

▌교통공학과(교통시스템공학과)

1) 졸업 후 진로

중앙 정부부처와, 지방자치단체의 교통전문직, 연구기관(교통개발연구원, 국토개발연구원, 한국건설연구원, 도로교통안전협회, 교통안전진흥공단, 서울시정연구개발원, 경기 개발연구원 등), 교통시설건설 및 운영 기관(한국도로공사, 한국고속철도공단, 경전철기획단, 지하철공사, 한국토지개발공사, 대한주택공사 등), 교통관련 컨설팅회사, 일반기업체 등으로 진출할 수 있다.

2) 관련 자격증

교통기사

▌신소재공학과(건설환경재료공학, 기계전자재료공학, 나노메카트로닉스재료, 뉴세라믹재료, 무기재료공학과, 세라믹공학, 세라믹반도체공학,전자재료공학, 재로시스템공학, 인테리어재료공학, 재료금속공학, 패키지학)

1) 졸업 후 진로

재료공학은 전기전자, 기계, 건축 등의 응용분야와 밀접한 관계가 있고, 산업발전에 따라 신소재 개발이라는 과제는 언제나 주어지기 때문에 재료공학 전공자의 역할이 중요하다.

진출분야는 주요 산업 분야를 망라한다고 할 수 있는데, 종합제철소를 비롯한 기계, 전기, 전자, 화학, 항공, 해양, 원자력 등 철강 및 비철 기간산업체의 고급 기술요원 및 연구원으로 진출할 수 있으며 시멘트 산업은 물론 내화물, 유리, 도자기 등의 전통 요업분야와 첨단 반도체 및 전기전자 산업체로 진출할 수 있다. 자동차, 선박, 화공 등의 중화학 공업분야로 진출하는 것도 가능하다. 대학원 진학 후 국·공립 연구소나 대기업체 부설연구소 등에서 연구 업무를 수행할 수 있다.

특히 세라믹공학과 졸업 후, 세라믹스 제조 관련 중소대기업(시멘트공업, 유리공업, 내화물공업, 도자기공업, 전자공업, 에너지산업, 자동차산업, 우주항공산업, 의용세라믹 - 인공뼈, 인공치아 등 - 산업, 레저산업 등을 비롯한 각종의 전통 세라믹스와 파인세라믹스 제조 및 소재개발 관련업체), 산업 현장에서의 분석, 검사, 관리, 제품개발, 전자재료업체, 화학분석실 및 연구소 , 대학원에서의 신소재 합성, 재료분석, 공정개발분야 등으로 진출 가능하다.

2) 관련 자격증

금속기사, 누설비파괴검사기사, 방사선비파괴검사기사, 와전류비파괴검사기사, 자기비파괴검사기사, 금속제련산업기사, 주조산업기사, 표면처리산업기사, 금속재료시험기능사, 목질재료기능사, 건설재료시험기사, 금속재료산업기사, 품질관리기사, 판금산업기사, 고분자제품제조산업기사, 공업화학기사, 세라믹기사, 위험물관리산업기사, 화공기사, 화약류제조기사

▌기계자동차공학과(자동차공학, 자동차기계전공, 자동차환경에너지전공, 자동차기계공학, 자동차기계조선공학, 전문기계자동차공학, 미래자동차공학과)

1) 졸업 후 진로

전공 특성에 따라 다방면에 취업할 수 있는 기회가 폭넓게 제공되고 있다. 대부분의 졸업생들은 재학 중에 전공관련 자격증을 취득하여 자동차 관련 사업체에 취업하고 있으며, 국가 및 공공기관의 연구소 연구원, 정부기관 및 학교 등으로 진출한다.

2) 관련 시험 및 자격증

자동차정비기사, 자동차검사기사, 자동차사정사(한국자동차사정협회), 자동차관리사(한국산업사회교육센터) 등

▌도시공학과(도시계획학과, 도시계획설계전공, 도시공학전공, 도시공학정보, 도시정보공학, 도시환경공학전공)

1) 졸업 후 진로

건설교통부를 비롯해 시, 도의 도시계획 부서로 진출하여 정부의 도시계획과 지역개발 정책에 참여하는 경우가 많다. 주택공사, 토지개발공사 등 공공기관이나 기술용역업체, 기업체의 개발기획부서로 진출하기도 한다. 또한 국토개발연구원, 교통개발연구원 등 공공연구기관에 진출하기도 한다. 최근에는 금융기관, 보험회사 등의 부동산 평가분야에도 취업이 확대되는 추세다.

2) 관련 시험 및 자격증

7·9급 공무원, 도시계획기사

▌경영공학과(산업경영공학, 산업공학전공, 산업기계시스템공학, 산업시스템정보공학, 산업시스템공학과, 산업정보공학전공, 산업정보시스템공학과, 시스템경영공학, 지식정보산업공학, 산업공학과, IT경영공학, 물류시스템공학, 산업컴퓨터전공, 정보산업공학과)

1) 졸업 후 진로

제조업체로 진출하는 경우, 현장의 업무중에서는 품질관리, 생산관리, 자재관리, 안전관리 등의 업무를 주로 담당하게 되며, 계량적이고 시스템적인 분석능력을 활용하여 기획 및 분석 업무에 종사하는 경우도 많이 볼 수 있다. 재학 중에 자동화 및 관련실습에 많은 관심을 둔 경우에는 설비관리, 자동제어, 자동검사 등의 분야에서 자동화 시스템의 구축이나 운영을 담당할 수 있다. 또한, 컴퓨터 응용능력과 정보공학 분야에 관심이 있는 경우에는 컴퓨터 및 정보통신관련 업체에서 기업의 정보시스템 구축이나 운영 또는 소프트웨어의 개발 등의 업무로 진출할 수도 있다.

2) 관련 자격증

건설기계기사, 건설기계정비기사, 공조냉동기계기사, 기계공정설계기사, 승강기기사, 메카트로닉스기사, 농업기계기사, 일반기계기사, 용접기사, 자동차검사기사, 자동차정비기사, 정밀측정기사, 제관산업기사, 철도차량기사, 치공구설계기사, 품질관리기사, CNC기계절삭가공사, 공작기계절삭가공사, 기계설계제도사, 기계전자제어사, 자동화설비 제어사, 치공구제작사, 산업기계정비사, 산업전자기기제작사 전기기사, 전기공사기사, 전기철도기사, 철도신호기사, 공업계측제어기사, 전자기사, 전자계산기기사, 무선설비기사, 전파통신기사, 정보통신기사, 전기계측제어사

▌컴퓨터공학과(컴퓨터공학전공, 컴퓨터과학과, 컴퓨터매니지먼트컨설팅, 컴퓨터멀티미디어공학, 컴퓨터소프트웨어학, 컴퓨터시뮬레이션, 컴퓨터시스템공학, 컴퓨터전공, 컴퓨터전자공학, 컴퓨터정보공학, 컴퓨터정보과학과, 컴퓨터정보통신공학, 컴퓨터정보학과, 컴퓨터통계학과, 컴퓨터학과, E-비즈니스 IT전공, 임베디드IT학과, 컴퓨터데이터정보학과, 컴퓨터응용기계설계공학, 산업컴퓨터전공, 컴퓨터소프트웨어공학과)

1) 졸업 후 진로

진출분야는 주로 컴퓨터 생산업체, 소프트웨어 용역회사, 반도체 산업, 컴퓨터 유지보수업체, 전자회사, 연구소 등 본인의 적성에 맞는 직업을 비교적 폭넓게 선택할 수 있다.

인터넷 웹 디자이너, 웹 마스터, 인터넷 정보 설계사, 인터넷 시스템 관리사, 인터넷 서비스 프로그래머, 정보제공업체(IP), 국내외 SI관련업체, 전산관련 컨설팅업체, 전산분야 공무원, 금융기관, 공사, 정부기관, 컴퓨터교육기관, 컴퓨터게임개발업체, 공장자동화를 위한 시설업체, 연구소 등으로 진출할 수 있다.

2) 관련 시험 및 자격증

▶ **한국정보기술연구원** : 웹프로그래머 2급(WPC)

▶ **한국정보기술자격인증위원회(KITLCC)** : 웹서버관리사(WSMC) 2급

▶ **대한상공회의소** : 컴퓨터운용사

▶ **한국멀티미디어협회** : 멀티미디어 전문가

▶ **한국산업인력공단** : 전자계산기기사, 정보처리기사, 정보통신기사

▶ **한국정보기술연구원** : 웹프로그래머 2급(WPC)

▶ **한국정보산업연합회** : PC활용능력평가시험(PCT)

▶ **한국정보통신인력개발센터** : 리눅스마스터/무선인터넷관리사/시스템관리사/웹콜마케터/인터넷정보검색사/정보설계사/M-Commerce 관리사

▶ **한국정보통신자격협회** : 네트워크관리사, PC정비사, 인터넷보안전문가

▶ **국제자격증** : CCIE, CNE, MCSE, MCP,

▶ **기타** : 데이터베이스전문가, 베터테스트엔지니어, 소프트웨어개발자, 시스템엔지니어

▌**전자공학과**(전자공학전공, 전자미디어공학, 전자 및 정보공학, 전자재료공학, 전자전기공학, 전자전기컴퓨터공학, 전자정보보호학, 전자정보공학, 전자정보통신공학, 전기전자

공학, 정보통신전자공학, 지능로봇, 정보보호학과, 로봇공학과, 전자융합공학, 전자통신공학, IT전자공학, 융합전자공학, 응용물리전자학, 전자시스템공학과)

1) 졸업 후 진로

민간 및 산업용 전자 관련제품의 생산분야, 음향기기, 화상기기, 유무선의 통신장비, 각종 계측기, 컴퓨터 등의 완제품 제조업체와 반도체, 첨단의료장비, 고성능기계류, 자동화 계통 등의 제조 및 운영업체, 방송국, 통신공사 등의 전자관련 설비의 운용분야 및 항공, 선박 등의 응용분야, 그리고 기술직 공무원, 군장교, 연구소 및 대학원 진학 등을 할 수 있다.

2) 관련 시험 및 자격증

계량기계산업기사, 계량전기산업기사, 공업계측제어기사, 전자기사, 전자계산기기사, 메카트로닉스기사, 무선설비기사, 방송통신산업기사, 전파통신기사, 정보통신기사, 기계전자제어사 , 자동화설비제어사, 산업전자기기제작사, 전기계측제어사, 전기공사기사, 전기기사, 전기철도기사, 철도신호기사 등

▌토목공학(지구시스템공학과, 지구환경시스템공학전공, 지역기반공학, 철도토목공학, 토목환경도시공학, 해양토목공학, 토목환경공학부)

1) 졸업 후 진로

졸업생의 가장 큰 취업분야는 각종 국가직, 공사직, 건설회사, 설계 및 감리회사의 토목직 공무원이나 토목직 사원이다. 건설분야의 다양한 연구기관에서 두각을 나타내고 있는 졸업생도 많다. 졸업과 동시에 토목기사 자격증을 비롯한 측량및지형공간정보기사, 지적기사, 건설재료기사, 산업안전기사 자격증을 취득할 수 있다. 또한 현직에서 일정한 기간이 경과하면 기술직의 최고 영예인 각종 기술사 자격증을 취득할 수 있기 때문에 다른 어느 학과의 졸업생보다도 취업률이 높고 유망한 전공으로 평가받고 있다.

<u>특히 지구시스템공학과 졸업 후에는</u> 금속, 비금속, 에너지 자원 관련회사, 지반 조사 및 지하수 개발회사, 건설회사, 해외자원 및 유전개발 관련회사, 시멘트 회사, 환경오염

방지 시설 업체, 환경관련 설계 및 시공 업체, 대기업의 환경관련 부서 등의 기업체, 한국자원연구소, 건설기술연구소, 국립환경연구원, 각 지방자치단체의 환경 연구원, 기업체 연구소, KIST와 같은 정부출연 연구소 등의 연구기관, 그리고 산업자원부, 환경부와 지방 자치단체의 환경관련 행정부서의 공무원 등으로 진출하고 있다.

2) 관련 시험 및 자격증

토목기사, 측량및지형공간정보기사, 지적기사, 건설재료기사, 산업안전기사, 대기환경기사, 소음진동기사, 수질환경기사, 폐기물처리기사, 조경기사, 해양자원개발기사

10.1 학과 선배에게 듣는다! "이번학기에는 꼭 OO를 하세요!"

앞으로 1학년 여름방학을 맞은 시점에서 '내가 1학년 2학기라면...' 이라는 생각을 해보면 정말 할 게 많다는 생각이 든다. 지금 생각해보면, '왜 선배들은 내가 1학년 때 이런 얘기를 안 해줬을까?, 조금만 빨리 시작했으면 훨씬 취업 준비가 수월했을 텐데..' 라는 생각들이 절실히 와 닿습니다. 1학년 2학기에 꼭 해야 할 것들, 혹은 하지 않아서 지금 후회하고 있는 것을 적어봅니다. 글을 읽는 후배님들은 선배들에게 이런 이야기를 듣고 대학생활과 취업준비를 잘 했다는 이야기를 들었으면 좋겠습니다.

[OO대학교 2학년 김OO]

첫째, '나는 아직 1학년이니까.' 라는 생각을 버려라. 취업은 2학년 때부터 준비해도 된다는 생각과 1학년 때는 놀아도 된다는 생각을 하면, 전체 대학생활이 흐트러질 가능성이 큽니다. 1학년 2학기에 시작해도 늦었다는 마음으로 자신의 취업을 준비해야 합니다.

둘째, 꼭 멘토를 만들어라. 제가 지금 가장 후회하는 것은 '왜 1학년 때부터 학점 관리를 똑바로 안했을까' 입니다. 취업에 대해 구체적으로 생각을 하지 않고, 마냥 전공만을 생각하고 어떻게든 4학년이 되면 취업이 될 것이라는 막연한 생각만 해서 취업에 대한 폭이 더 좁아졌다는 생각이 듭니다. '만약 멘토 선배가 있었다면, 여러 이야기를 해주었을 텐데...' 이런 아쉬움이 듭니다. 아직 멘토 선배가 없다면 꼭 만들라고 1학년들에게 당부하고 싶습니다.

셋째, 꾸준한 영어공부를 진행하라. 고등학교 때 수능을 위해 이미 영어단어와 문법을 해 놓은 상태에서 1학년 때 영어공부를 안하게 되면 그때 외웠었던 것들은 어느새 저 먼 기억 속으로 사라져 버립니다. 동기들과 어울리는 일도 많고 전공에서 영어를 쓰는 일도 없다보면 '지금 당장 영어공부를 할 필요성'이 희미한 것은 사실입니다. 그렇지만 영어공부를 완전히 손에서 놓게 된다면 취업 준비를 시작하고자 토익이나 토익스피킹을 공부하려고 할 때 큰 고생을 하게 됩니다. 영어에는 답이 없습니다. 1학년 때부터 꾸준히 공부하세요.

넷째, 전공과 관련된 자격증을 취득하라. 취업을 하기 위해 이력서를 쓰려고 보니 제일 아쉬운 것이 '자격증'란입니다. 운전면허증 하나가 전부라면 이력서가 썰렁해 보이겠죠? 하다못해 컴퓨터 자격증이라도 하나 취득해둬야 합니다. 컴퓨터 자격증뿐만 아니라 전공과 관련된 자격증이 몇 개는 있어야 할 것 같은데, 이것을 졸업할 때 공부하고 취득하려고 보니 정말 만만치가 않습니다. 자격증 취득은 나름 시간이 한가한 1학년 때부터 시작하세요.

10.2 1학년계획 세우기

나의 미래를 위해 1학년에 꼭 해야 할 것들로는 어떤 것들이 있을까? 아래 표를 참고하여 9개 항목으로 나누어진 내용을 보고 내가 할 수 있는 것과, 해야 할 것들을 적고 실천에 옮겨보자. 이 계획대로 실천해보고 1학년 2학기가 끝나는 마지막 15주차에 얼마나 잘 수행했는지 스스로 평가해보자.

1) 1학년 학점관리

☞ 목표 한마디	ex) 학점 평균을 3.8 이상 받자.

과목명	학점(2학점 or 3학점)	목표학점(A+, A 등)	자가 평가
일반화학및실험1	3학점	A+	
총 점			

2) 외국어 공부

☞ 목표 한마디	ex) 토익 점수를 800대로 올리고, 일본어 공부를 시작한다.

외국어	시험명	시험접수일	시험날짜	목표 점수	취득점수
영어	TOEIC	8/29 ~ 9/26	10월 30일	850점	

3) 자격증 취득

☞ 목표 한마디	ex) 컴퓨터 관련 자격증과 전공 관련 자격증을 1개 이상 취득한다.

자격증명	시험 접수일	시험 날짜	합격 여부
컴퓨터활용능력 2급 (필기)	9/22 ~ 9/28	10월 16일	

4) 인맥관리

☞ 목표 한마디	ex) 최소 7명의 새로운 내 사람을 만들자.

이름	이메일	전화번호	만난 장소
이유나	ilp@ilplan.com	02-973-7600	학교(09월 21일)

5) 봉사활동

☞ 목표 한마디	ex) 한달에 1회 이상 봉사활동을 한다.

날짜	봉사활동 장소	내용
OOOO년 9월 13일	OO장애인학교	지체장애 아동들 학습보조교사 및 함께 놀아줌.

6) 아르바이트

☞ 목표 한마디	ex) 경력에 도움이 되는 아르바이트를 찾아서 해본다.

날짜	아르바이트 내용
OOOO년 9월 13일	주말 아르바이트 - 공부방에서 아이들 독서지도를 하기로 함.

7) 공모전

☞ 목표 한마디	ex) 전공 및 관심분야 공모전에 1개 이상 도전해본다.

기한	공모전 종류	내용	목표
OOOO년 10월 17일	광고 공모전	LG AD 광고 공모전 도전	금상

8) 독서 계획

☞ 목표 한마디	ex) 한달에 3권 이상, 한 학기 동안 12권 이상의 책을 읽는다.

보고 싶은 도서명	저자명	목표기간	시작일/종료일
레미제라블	OO	9/9~9/14	

9) 학생복지취업처

☞ 목표 한마디	ex) 진로적성, 취업특강, 면접메이크업교육 프로그램에 참여한다.

참여 희망 프로그램	내용	진행기간	참여일
면접 실무 교육	이미지 메이킹 강연 및 실습	9/26~9/30	

과 제

1. 학과 선배와 1학년에 해야 할 교과목과 교과목이외의 것에 대하여 깊이 면담을 하여 그 요약을 교과목 담당 교수님에게 제출한다.

2. 학과를 졸업한 후에 갈 수 있는 회사, 정부기관, 연구소 중에서 하나를 선정하여 필요한 영어점수, 학점, 해외연수 경력, 봉사활동 내역 등을 적는다.

11. 공학계열 학과 자격증 정보

자격은 사전적 의미로 볼 때 '어떤 임무를 맡거나 일을 하는 데 필요한 조건'으로 나타나 있다. 그러나 외국의 경우 자격이란 원래 '개인이 특정 업무기능을 수행할 수 있는 능력 및 지식'으로 통용되고 있다.

자격기본법에서.....

☞ **자격** : 일정한 기준과 절차에 따라 평가·인정된 지식·기술의 습득정도로서 직무수행에 필요한 능력

11.1 왜 자격증인가?

자신을 객관적으로 증명할 수 있는 가장 확실한 방법은 역시 자격증이다. 그렇다고 자격증이 취업을 전적으로 보장하지는 않는다. 다만 전쟁을 방불케 하는 취업시장에서 다른 사람보다 유리한 고지를 점할 수 있으니 기회를 더 얻을 수 있고, 해당 분야에 대한 기본적인 지식과 수행능력을 공식적으로 증명 받게 되는 것은 사실이다.

실제로 많은 기업들은 지원 업무에 따라 관련된 자격증을 취득한 사람에게 가산점을 부여하고 있다. 그러나 최근 기업들의 채용 경향은 실무에 바로 투입할 수 있는 경력자

를 선호하는 추세이다 보니 신규 인력들은 자격증 취득에 +α를 더해야 할 것이다. 예를 들어 IT교육을 받은 사람이라면 자신의 실력을 검증해볼만한 웹사이트를 개설해 전문성을 입증한다던지, 취득한 자격증과 관련 있는 단체나 협회에 가입해 활동을 하는 등 자격증을 활용하고, 계발하는 단계까지도 염두에 두어야 할 것이다.

최근 대부분의 취업준비생들은 사무능력과 정보화능력을 검증할 수 있는 자격증을 한두 개쯤 가지고 있는 경우가 많다. 그러므로 희망 업무와 직결되는 자격증으로 차별화된 실력을 증명하는 것이 유리하다. 또한 국가/국제공인자격증, 전공과 관련된 전문자격증, 컴퓨터활용능력과 관련된 자격증 등 업무수행에 도움이 될 만한 자격증들은 대기업, 중소기업을 막론하고 환영받을 만한 자격들이다.

◈ 자격증 취득 10계명 ◈

① 직업적 비전을 고려하라.
② 자신의 적성과 흥미를 고려하라.
③ 전공·업무와 관련된 자격증을 택하라.
④ 평생 쓸 수 있는 자격증을 찾아라.
⑤ 직업의 수요를 고려하여 경쟁력 있는 자격증을 취득하라.
⑥ 의무고용이나 우선 채용의 혜택이 있는 것을 찾자.
⑦ 정확하고 풍부한 정보수집이 필요하다.
⑧ 자격증=취업이란 생각은 버려라.
⑨ 국가공인기관에서 발부하는 자격증을 취득하라.
⑩ 뚜렷한 목표를 정해라.

11.2 국가기술 자격 분류

자격은 인정기관에 따라 크게 국가자격과 민간자격으로 분류된다.

국가자격은 국가가 법률에 따라서 부여하는 자격으로 국가기술자격법에 의한 국가기술자격과 개별법령에 의한 국가자격으로 분류되며, 시험은 국가, 지방자치단체 또는 지정기관이 실시한다.

☞ 클릭! 국가자격검색하기

민간자격은 법률에 의하여 부여하는 자격이 아니라, 민간단체가 임의로 부여하는 자격으로 일반국민을 대상으로 하는 민간자격과 사업 내 근로자를 대상으로 하는 사내자격으로 분류된다.

☞ 클릭! 민간자격검색하기

외국자격은 외국의 각 기업, 협회, 단체 등 에서 주관하는 자격제도이다.

☞ 클릭! 외국자격검색하기

11.3 공학계열 관련 시험 및 자격증 정보

※ 관심 있는 시험 및 자격증에 대한 자세한 내용을 알고 싶다면 클릭하세요.

1. 7/9급 공무원 시험
2. 가스기능사
3. 건설기계기사
4. 건설기계정비기사
5. 건설안전기사
6. 건설재료시험기사

7. 건축기사
8. 건축목공산업기사
9. 건축사
10. 건축설비기사
11. 게임그래픽전문가
12. 게임기획전문가
13. 게임프로그래밍전문가
14. 공작기계절삭가공사
15. 공조냉동기계기사
16. 광학기사
17. 교통기사
18. 금속기사
19. 금속도장산업기사
20. 금속재료시험기능사
21. 기계 및 시스템 제어사
22. 기계설계기사
23. 기계설계제도사
24. 기계전자제어사
25. 기상기사
26. 기관사
27. 네트워크관리사
28. 농업기계기사
29. 농화학기술사
30. 누설비파괴검사기사
31. 대기환경기사
32. 도시계획기사
33. 디지털정보활용능력(DIAT)
34. 리눅스마스터
35. 멀티미디어전문가
36. 멀티미디어콘텐츠제작전문가
37. 메카트로닉스기사
38. 목질재료기능사
39. 무선설비기사
40. 무선통신사
41. 반도체설계기사
42. 방사선비파괴검사기사
43. 방송통신기사
44. 사진제판기능사
45. 사출금형설계기사
46. 사회조사분석사 2급
47. 산업기계정비사
48. 산업안전기사
49. 산업위생관리기사
50. 산업전자기기제작사
51. 생물공학기사
52. 생산자동화산업기사
53. 섬유디자인산업기사
54. 섬유물리기사
55. 소방설비기사(기계분야)
56. 소방설비기사(전기분야)
57. 소음진동기사
58. 소프트웨어운용능력평가시험

(SPCT)

59. 수질환경기사
60. 승강기기사
61. 시각디자인기사
62. 식품기사
63. 실내건축기사
64. 아마추어무선기사
65. 양복산업기사
66. 에너지관리기사
67. 와전류비파괴검사기사
68. 용접기사
69. 웹콜마케터
70. 위험물산업기사
71. 응급구조사
72. 의류기사
73. 인쇄기사
74. 인터넷보안전문가
75. 인터넷실용능력자격인증시험(IPCT)
76. 인터넷정보관리사
77. 일반기계기사
78. 임베디드 SW개발전문가
79. 정밀측정산업기사
80. 정보기기운용기능사
81. 정보기술자격(ITQ) 시험
82. 정보보호전문가(SIS)
83. 정보시스템감리사
84. 정보시스템감사사(CISA)
85. 정보처리기사
86. 정보통신기사
87. 제판기사
88. 제품디자인기사
89. 조경기사
90. 조선기사
91. 조적산업기사
92. 주조산업기사
93. 지적기사
94. 철도신호기사
95. 철도차량기사
96. 측량및지형공간정보기사
97. 치공구설계산업기사
98. 치공구제작사
99. 컬러리스트기사
100. 컴퓨터그래픽스운용기능사
101. 컴퓨터운용사
102. 콘크리트기사
103. 토목기사
104. 통신선로산업기사
105. 판금제관산업기사
106. 패션디자인산업기사
107. 패션머천다이징산업기사
108. 폐기물처리기사
109. 표면처리산업기사

110. 품질경영기사
111. 프레스금형설계기사
112. 한복산업기사
113. 해양공학기사
114. 해양생산관리기사
115. 해양자원개발기사
116. 해양환경기사
117. 화공기사
118. 화약류관리기사
119. 화학분석기사
120. Auto Cad 2급 기술자격
121. CCIE
122. CNC기계절삭가공사
123. CNE
124. HP공인 Unix 시스템관리 전문가
125. M-Commerce관리사
126. MCP
127. MCSE
128. PC정비사
129. PC활용능력평가시험(PCT)

국가기술자격 응시요건

등급	기술자격 소지자	관련학과 졸업자	비관련학과 졸업자	순수 경력자
기술사	기사 + 4년 산업기사 + 5년 기능사 + 7년	대졸 + 6년 3년제 전문대졸 + 7년 2년제 전문대졸 + 8년 노동부령이 정하는 기사 (산업기사)수준의 기술훈련과정 이수자+6년(8년)	-	9년
기능장	산업기사이상 + 5년 기능사 + 7년	해당직무분야의 산업기사 또는 기능사자격을 취득 후 기능대학 기능장과정 이수자(예정자)	-	9년
기사	산업기사이상 + 1년 기능사 + 3년	대졸(졸업예정자) 3년제 전문대졸 + 1년 2년제 전문대졸 + 2년 노동부령이 정하는 기사 수준의 기술훈련과정 이수자 노동부령이 정하는 산업기사 수준의 기술훈련과정이수자 + 2년	대졸 + 2년 3년제 전문대졸 + 2.5년 2년제 전문대졸 + 3년 * 2012.12.31 까지 한시적 인정	4년
산업기사	산업기사이상 기능사 + 1년	4년제 2학년 이상 전문대졸 (졸업예정자) 노동부령이 정하는 산업기사 수준의 기술훈련과정 이수자	대졸 (졸업예정자) 3년제 전문대졸 + 0.5년 2년제 전문대졸 + 1년 * 2012.12.31 까지 한시적 인정	2년
기능사	제한 없음			

과 제

1. 학과를 졸업한 후에 취득할 수 있는 자격증의 종류와 자격증 취득 요건을 알아본다.
   앞에서 정한 회사에 입사하기 위해 필요한 자격증은 어떤 것이 있나?

2. 컴퓨터 관련 자격증과 전공관련 자격증 취득 계획을 세우고, 자격증 취득에 필요한 교과목명을 나열하시오.

12. 공학계열 학과 직업 정보

1) 직업정보의 정의

직업정보란 직위, 직무, 직업 등에 관한 정보를 포함하며, 이러한 정보는 유효하고 타당한 자료이어야 하며, 진로 준비 및 선택에도 매우 중요한 정보이다.

2) 직업정보의 역할

목 적	이 용 자
* 의사결정을 위한 대안선정	* 청소년, 학부모, * 구직자, 재직자
직업 및 진로상담의 개입	직무분석가, 직업상담원, 직업전문가, 진로상담프로그램개발자
노동시장에서 요구하는 인력형태 정보	기업가
직업 조사연구	직업전문가, 직업정보분석가, 직무분석가

3) 직업정보의 구성

구 분	내 용
1) 직업의 성격	직업명, 직업에 대한 정의 즉, 어떤 일을 하는지에 대한 설명, 직업 내 세분된 분야, 일을 수행하는데 사용되는 기구 등이 포함된다.

2) 직업 간의 관계	계층별, 직업 구조에 있어서의 각 직업이 차지하는 위치, 이 직업이 소속되는 산업분야, 다른 직업과의 유사성 및 관련성 등에 대한 내용이 포함된다.
3) 작업 조건	어떤 상태 하에서 일을 하게 되는가를 의미하며 크게 나누면 물리적인 조건, 심리적 조건, 휴식 조건 등이 있다.
4) 직업적 자질	어떤 직업이건 그 직업에서 요구하는 자질이 있다. 지능, 적성 등을 포함하는 정신적인 자질이나 신체적인 자질, 연령, 조건 등 직업별로 요구하는 자질들이 포함된다.
5) 준비 교육	직업에 따라서 일정한 학력이나 준비 교육을 요구한다. 필수적으로 요구되는 일반교육 정도는 어떠하며, 특수한 영역의 교육이나 훈련이 요구되지는 않는가? 라는 것이 그 내용이다.
6) 직업의 현황	직업적인 정보로서의 구실을 하려면 일정한 직업들이 현재 어떠한 상태에 있는가를 설명할 수 있어야 한다. 즉 현재 그 직업에 종사하는 사람의 수는 대략 얼마나 되며, 남·여별 비율은 어떠하고 지역적인 분포는 어떻게 되어 있는가 등의 내용을 포함하고 있어야 한다.
7) 직업의 전망	일정한 직업의 향후 전망을 제시하는 것을 내용으로 한다. 즉 그 직업의 발전에 대한 예견과 수요, 공급의 상태 등에 대해서 전망하는 것이다.
8) 임 금	일정한 직업에서 받을 수 있는 임금이 어떠한가를 제시할 수 있는 것은 직업 정보로서 대단히 중요한 조건의 하나이다. 즉, 월수입, 승급의 기회, 불규칙적인 수입, 근무연한에 따른 수입의 증가, 금전 이외에 받을 수 있는 혜택 등이 포함된다.
9) 직업의 안정성	대부분의 직업은 평생을 바쳐 종사할 수 있는 직업인 경우가 많으나, 반면 영속성 즉 안정성이 없는 직업도 적지 않기 때문에 각 직업들의 안정성을 어떤지 알아야 할 필요가 있다.

12.1 유망 직업이란?

1) 유망직업의 의의

유망직업은 향후 전개될 노동시장의 흐름과 그에 따른 직업의 내용 및 직업 요구사항 등, 직업상의 변화를 다양한 배경의 개인들에게 제공함으로써 각자의 수요에 맞는 정확하고 자세한 정보를 찾고 활용할 수 있도록 도움을 주는데 그 의의를 가지고 있다.

2) 유망직업의 선정기준

- ○ 직업의 일자리 성장률
- ○ 임금수준
- ○ 일자리 창출능력
- ○ 실업률
- ○ 대상을 기준으로 한 경우 - 청소년, 중고령, 장애인 등으로 나누어 볼 수 있다.
- ○ 특정 직업군에 있어서의 유망직업 - 교사에서도 세부 교사에 대한 유망직업 선정
- ○ 특정 산업을 기준으로 한 유망직업

3) 유망직업의 조건

☞ 유망직업의 조건은 연구자에 따라 다르게 제시되고 있지만 대체로 아래와 같다.

① 고용전망이 좋은 직업

② 소득이 높은 직업

③ 성장률이 높은 직종

④ 총수요가 많은 직업

⑤ 신규고용규모(매년 창출되는 신규고용규모)

⑥ 매력도(지위, 사회적 인식 등의 수준)

⑦ 취업기회가 큰 직종 등

4) 유망직업의 특성

- 단순작업이나 기능 위주의 숙련이 필요한 직업보다는 고급 기술력과 정보력이 필요한 직업
- 고학력 또는 장기간의 숙련이 요구되는 직업
- 삶의 질과 관련된 직업들 : 사회복지관련직업
- 1차·2차 산업에 비하여 3차 산업 관련 직업들
- 정보통신과 과학기술관련 직업들(BT, NT 등)
- 전통적인 전문직종들
- 평생교육에 대한 필요성으로 교육관련 직종들

모든 연령층과 모든 집단에 획일적으로 적용될 수 있는 전망 좋은 직업은 없다고 볼수 있다. 결국 직업에서의 성취는 직업의 객관적인 조건과 그 직업에 종사하는 개인의 특성과 상호작용하여 이루어지기 때문이다. 이런 측면에서 **유망직업에 관한 정보는 수요자의 자기 이해의 노력과 더불어 접근하는 것**이 필요하다.

12.2 직업정보 탐색방법

1) 자신에 대한 올바른 이해 후, 인생목표 정립 및 직업탐색

- 대학 종합인력개발센터(취업정보실), 학생생활연구소 등에서 지원하는 각종 심리검사를 통해 직업흥미검사, 성격검사 등을 받아본다.
- 다양한 아르바이트, 인턴 경험으로 직업적성을 안다.

2) 원하는 직업에 대한 정보를 수집

- 직업에 대한 전망, 선 경험자들의 목소리, 필요한 자격요건, 필요 역량 등을 조사한다.

3) 희망직업과 관련된 업·직종 기업 찾기

- 대기업, 중소·벤처 기업에서부터 외국계 기업까지 다방면으로 찾아본다.

☞ 나의 희망 직업 조사표를 작성해봅시다!

1. 자신이 좋아하는 직업 3가지를 적어 봅시다.

(1) ____________ (2) ____________ (3) ____________

2. 자신이 희망하는 직업 3가지에 대해 써 봅시다.

희망 직업	직업명	직업특성	희망하는 이유
제 1 희망			
제 2 희망			
제 3 희망			
주위에서 권하는 직업 3가지는?	1. 2. 3.		

12.3 국내 직업정보원

1) 한국직업정보시스템(http://know.work.go.kr)
(KNOW : Korea Network for Occupations and Workers)

○ 한국직업정보시스템은 우리나라의 대표할 수 있는 직업의 업무수행능력, 지식, 성격, 흥미, 하는 일, 임금, 전망 등 주요 정보를 비교 가능한 수량화된 정보로 온라인 상에 제공하여 진로선택과 직업훈련 및 직업 상담을 지원하기 위한 종합 직업 정보시스템이다.

▶ 제공 주요 정보

○ 나에게 적합한 직업 찾기

○ 업무수행능력, 지식, 성격, 흥미, 교육 및 훈련, 하는 일, 관련 직업, 관련 정보, 임금, 전망

2) 한국직업전망 (http://www.work.go.kr ▶ 한국직업전망)

한국의 대표적인 직업 200여개 이상을 선정하여 수행직무, 훈련, 자격, 종사자 수, 수입, 향후 5년간 일자리 전망 등을 제공한다.

☞ 바로가기 클릭!

3) 한국직업사전 (http://www.work.go.kr ▶ 한국직업사전)

산업현장의 직무분석을 통하여 우리나라에 존재하는 직업들을 수록한 직업정보서로서 직무개요, 수행직무, 교육, 숙련기간, 작업강도, 육체활동, 작업장소 등을 제시하고 있다.

☞ 바로가기 클릭!

4) 직업 정보관련 유용한 사이트

No.	Site 명	Homepage Address
1	노동부 워크넷	http://www.work.go.kr
2	한국직업능력개발원 커리어넷	http://www.careernet.re.kr
3	21세기 직업과 자격증	http://www.winfo.co.kr
4	한국노동연구원	http://www.kli.re.kr
5	노동부 노동통계	http://laborstat.molab.go.kr

12.4 공학계열 관련 직업 정보

※ 관심 있는 직업에 대한 자세한 내용을 알고 싶다면 클릭하세요.

1. 건축공학기술자
2. 건축사
3. 게임기획자
4. 귀금속가공원 및 보석세공원
5. 기계공학기술자
6. 도시계획가
7. 로봇연구원
8. 산업공학기술자
9. 생명과학연구원
10. 섬유공학기술자
11. 시스템엔지니어
12. 시스템컨설턴트
13. 에너지공학기술자
14. 용접원
15. 원자력공학기술자
16. 웹프로그래머
17. 웹프로듀서
18. 자동차공학기술자
19. 자동차정비원
20. 전자공학기술자
21. 전자상거래전문가
22. 정보보호전문가

23. 조경기술자
24. 측량사
25. 컴퓨터공학기술자
26. 컴퓨터프로그래머
27. 토목공학기술자
28. 통신공학기술자
29. 프로게이머
30. 항공공학기술자
31. 항공교통관제사
32. 항공기정비원
33. 항공기조정사
34. 항해사
35. 해양공학기술자
36. 화학공학기술자
37. 환경공학기술자
38. 환경영향평가원

과 제

1. 직업정보 관련하여 유용한 홈페이지를 방문하여 자기의 적성에 맞는 직업 군을 선택하여 보자

제4부

대학4년 계획하기

13. 대학생활 4년 미리 보기

대학생활은 그 동안 짜인 틀 속에서 공부만 하던 생활에서 벗어나 기성세대가 활동하는 사회로 진출하기 위해 스스로 준비해야 하는 대단히 중요한 시기이다. 최근 들어 더욱 심각해진 대졸자 취업난을 극복하려면 자신의 가치와 능력을 계발하는데 더욱 노력해야 한다. 이러한 노력의 결과에 따라 자신의 진로와 미래가 달려 있다는 사실을 알아야 한다.

이제 대학은 우리 사회에서 누구나 갈 수 있는 기본 학력이 되고 있다. 과거처럼 대학을 졸업했다고 해서 우대받거나 선택 받지 못한다. 오히려 대학에 가지 않는 것보다 취업이 더 어려울 수도 있다. 그렇다고 해서 좌절할 필요는 없다. 지금부터라도 자신감을 갖고 자신의 능력을 계발하며 충실한 대학생활을 한다면 자신의 인생은 얼마든지 달라질 수 있다.

자신의 인생 진로를 결정해 주는 대학생활을 아무 생각 없이 '그저 졸업만 하면 어디든 취업은 되겠지'하는 막연한 기대를 갖거나 아니면 정상적인 사회 진출을 포기해 자신감을 상실한 채로 의미 없이 보낸다면 매우 어리석은 일이다. 재학시절동안 최선을 다해 자기계발에 힘쓴다면 지금보다 훨씬 좋은 결실을 얻을 것이다. 성공적인 취업과 사회생활에 도움이 되는 대학에서의 자기계발은 국제화, 지식화, 사고의 다양화로 크게 압축할 수 있다.

그럼, 학년별로 꼭 해야 할 일에 대해서 알아보자.

1) 1학년 – Who am I ?

하고 싶고, 잘 할 수 있는 것	하기 싫지만 해야 하는 것	하고 싶지만 잘 할 수 없는 것	하기 싫고, 못하는 것

첫째, 내가 무엇을 원하는지 정확하게 알아야 한다.

내가 원하는 것의 의미는 여러 가지로 해석될 수 있다. 어떤 행위를 행하는 것일 수도 있고, 내 머릿속으로 그리던 인물상으로 되어지는 과정일 수도 있다.

둘째, 내가 가치 있다고 생각하는 것이 무엇인가를 치열하게 고민하여야 한다.

내가 하고 싶고, 내가 가치 있다고 생각하는 것을 나는 할 수 있는가? 지금 당장 할 수 없더라도 졸업 후에 내가 하고 싶고, 가치 있다고 생각되는 일을 하기 위해서 대학 4년 동안 무엇을 준비해야 할 것인가?

먼저 내가 하고 싶고, 내가 가치 있다고 생각하는 것을 스스로 치열하게 고민하여 자신을 발견하는 것이 중요하다.

'무엇을 왜 좋아하게 되었나?' (동기, 시기, 영향원 등)에 대해 의미와 가치를 부여하여 나만의 것으로 만드는 작업을 해야 한다. 그것은 나의 성공적 삶의 계획에서 기초가 된다. 이 과정은 또 다른 목표가 생길 경우, 이전의 나의 삶의 방향을 점검하고, 계획이 가능하도록 만들어 준다.

셋째, 내가 할 수 있는 것을 알아야 한다.

여기에서 가장 중요한 것은 자신이 하고 싶고, 가치 있다고 생각하는 일을 현재의 나의 능력으로 할 수 없더라도 대학 4년 동안 무엇을 어떻게 준비하여 나의 능력을 향상시킬 것인가를 1학년 때부터 구체적인 목표를 세우고 실천해야 한다는 점이다.

2) 2학년 – 기초 다지기에 주력

대학 2학년은 자신의 전공에 대한 기초를 탄탄히 다지며 학습계획을 세워야 할 시기다. 어렵게 들어간 대학에서 전공이 자신의 적성에 안 맞을 경우 포기하고 수능시험을 다시 준비하거나 전공공부를 포기하기보다는 자신에게 맞는 과목을 복수전공하거나 부전공하는 대안을 찾아야 한다.

> ▶ <u>나의 전공 능력 UP</u> – 복수전공, 부전공
>
> **복수전공**이란 입학 때 선택한 전공이 적성에 맞지 않거나 다양한 학문을 배우려는 학생에게 2개의 전공을 수학할 기회를 주는 제도이고 **부전공**이란 자기 전공 이외 분야에 대한 학생들의 학구 의욕을 충족시키기 위하여 타학과 전공과목을 일정 학점 이상 체계적으로 이수하는 과정을 말한다.
>
> 총 35학점~40학점 이상 이수한 자는 2학년 때부터 매년 학교별 신청기간에 복수전공과 부전공을 신청할 수 있다. 신청 기간은 학교별 학사일정에 나와있다.

또한 동아리나 학생회 등에서 자신의 능력을 인정받을 수 있는 각종 활동에 참여하여 자신의 경력을 하나씩 만들어 가는 것도 좋다. 졸업 후의 입사시험에서 기본 중의 기본인 영어회화실력을 높이기 위해 영어스터디그룹을 결성하여 꾸준히 영어회화 능력을 향상시키는 것도 필요하다. 의사소통의 수단으로서 영어능력은 하루아침에 키워지지 않으니 대학 2학년 때부터 꾸준히 키워나가야 하는 것이 필요하다.

3) 3학년 – 자격증 취득과 공모전 참여

대학생 3학년은 자신이 나아갈 방향을 구체적으로 세우고 부족한 점을 보충해야 한다. 4학년 1학기부터 진행될 서류전형에 대비한 학점관리에 적극 신경을 쓰는 것은 필수이며 영어회화와 토익을 포함한 영어학습도 꾸준히 진행해야 한다. 다양한 자격증에 욕심을 내 에너지와 시간을 낭비하는 것 보다는 자신의 진출분야와 전공에 맞는 자격증을 집중적으로 취득하는 것이 효율적이다.

또한 자신의 진로를 확정하기 위해 미리 인·적성 검사를 받아보고 방학기간에는 각종 공모전에 참여하거나 인턴경험을 쌓는 등 취업을 위한 자신의 경력을 만들어 보는 것이 좋다.

▶ 대학 3학년의 커리어 쌓는 방법

① 아르바이트	② 인턴	③ 배낭여행	④ 동아리 활동
⑤ 봉사활동	⑥ 공모전	⑦ 어학능력(영어)	⑧ 자격증

4) 4학년 – 사회진입(취업)준비의 과정

사회생활을 하고 있는 선배를 찾아 그들의 이야기를 들어보거나 성공적으로 취업한 사람들을 역할모델로 삼아보자. 또 대학 안의 종합인력개발센터나 취업전문기관 등을 통해 채용시장 동향과 각종 기업체 채용정보를 수집하며 구체적인 자신만의 취업전략을 세워야 한다.

진로를 세우면 각종 취업전문사이트를 수시로 방문하고 신문의 작은 구인광고까지 눈여겨보는 습관을 길러야 한다. 규모는 작지만 내실 있고 성장 가능성이 높은 기업들을 발굴하기 위한 노력도 아끼지 말아야 한다.

꾸준히 취업박람회와 기업채용설명회 등에 관심을 갖고 취업전문업체에서 마련하는 이벤트에도 적극 참여해보자. 취업이 쉽지 않을 경우 인턴이나 계약직으로 일하는 것도 한 방법이 될 수 있다.

채용정보 습득 →	서류전형 →	면접전형 →	사회진출
• 종합인력개발센터 • 기업채용설명회 • 취업박람회 • 취업전문사이트	• 이력서 작성 • 자기소개서 작성	• 개별/집단면접 • 인성,토론,집단,PT, 압박면접	• 자기계발 • 경력관리

13.1 학년별 진로 목표수립단계

1학년 (진로계획) 진로계획 수립		2학년 (진로설정) 진로목표설정 준비
〈대학생활의 설계〉 - 본인의 적성파악 - 미래의 진로탐색 - 과외활동 선택 (아르바이트, 동아리 등) - 학년별 목표설정 및 계획수립	→ → →	〈진학 및 취업모색〉 - 진로설정을 위한 정보수집 - 사회구조 및 변화하는 직업(직종)의 이해 - 전공 및 부전공선택 - 진학 또는 취업목표 선택

3학년 (진로준비) 진로목표 확인		4학년 (진로선택) 진로목표 달성
〈진로준비의 구체화〉 - 외국어능력개발 - 컴퓨터 활동 능력개발 - 각종 자격증 준비 - 자원봉사 활동 - 입사시험준비	→ → →	〈실질적인 취업활동〉 - 업계(업종) 및 기업연구 - 채용 및 취업정보 수집 및 분석 - 기업탐방 및 선배방문 - 입사시험 선택/채용내정

13.2 대학생활 동안 꼭 해야 할 일

학년	해야 할 일 / 해보고 싶은 일
1학년	· OT,MT 등 학교행사에는 특별한 일이 없는 한 모두 참석하기 · 선배, 동기들과의 인맥넓히기 · 출석율 100%, 지각률 0%로 학기초에 교수님들에게 이미지 굳히기 · 전공에 대한 전반적인 분위기 파악하기 · 공강시간 헛되이 보내지 않기 · 관심있는 동아리 가입하기 · 즐기면서 할 수 있는 아르바이트 선택하기 · 기다리던 친구들과의 여행하기 · 시간이 없다는 핑계로 미뤄둔 교양도서 섭렵하기 · GPA A학점 이상 유지하기 · 적성검사 등을 통해 나에게 맞는 진로방향 설정하기 · 독서 한달에 4권 이상 읽기
2학년	· 영어회화나 제2외국어 1개쯤 섭렵하기 · 어학연수나 배낭여행 등 세계화로 시선 넓히기 위한 준비하기 · 전공적성을 되돌아보고 복수전공이나 부전공, 교직 등의 기회 노리기 · 전공에 관계된 개론서나 주변 학술도서 접하기 · 운전면허증 준비하기 · 내 미래 진로설정에 도움이 될 수 있는 멘토찾기 · GPA A학점 이상 유지하기 · 독서 한달에 3권 이상 읽기
3학년	· 다양한 진로(취업, 대학원, 유학, 창업 등) 중 구체적 방향잡기 · 1, 2학년 때의 학점과 졸업목표학점을 계산하여 관리하기 · 외국어공인점수취득과 컴퓨터 등의 자격증 준비하기 · 관심분야, 관심직종 등 커뮤니티나 포럼 등에 참여하여 인맥쌓기 · 자원봉사 활동

	· (취업으로 진로결정했다면), 입사희망기업 5개 이상 선택하고 채용 자격요건 확인하기 · 희망하는 직무분야 결정하기 · 현재까지의 경력을 토대로 이력서, 자기소개서 작성해보기 · 희망 직무분야에 맞는 인턴십 활동하기 · 경제신문이나 시사프로그램 시청 등으로 사회 흐름에 눈높이 맞추기 · 독서 한달에 3권 이상 읽기
4학년	· 현재까지의 대학생활 돌아보며 나의 시장가치 판단하기 · 학내 취업정보실에 들러 구직상담카드 작성하고 상담받기 · 각종 취업사이트를 꾸준히 방문하여 흐름 익히기 · 자신에게 맞는 취업수첩을 만들어 정보관리하기 (예체능계열, IT계열 학생의 경우, 포트폴리오 작성하여 관리하기) · 학내 종합인력개발센터 활용해서 이력서 클리닉, 실전 모의면접과 취업캠프 등 적극적 취업준비활동 시작하기 · 그동안 관리했던 인맥, 특히 이미 취업한 동문선배들의 조언듣기 · 한번뿐일지 모르는 논문, 나의 작품으로 만들기 · 대학원진학의 경우 필요한 서류 및 자격증 준비하기 · 독서 한달에 2권 이상 읽기

13.3 나의 대학생활 4년 계획표

학년	학기	해야 할 일
1학년	1학기	* 1학년 때 해야 할 일들과 해보고 싶은 것을 중심으로 작성해보기
	2학기	
2학년	1학기	* 2학년 때 해야 할 일들과 해보고 싶은 것을 중심으로 작성해보기
	2학기	
3학년	1학기	* 3학년 때 해야 할 일들과 해보고 싶은 것을 중심으로 작성해보기
	2학기	
4학년	1학기	* 4학년 때 해야 할 일들과 해보고 싶은 것을 중심으로 작성해보기
	2학기	

13.4 성공한 나의 모습

* 4년 동안 계획대로 실천하여 성공한 사회진출을 한 후의 나의 모습을 그려보자.

구 분	내 용
내 인생의 목표	
대학 졸업 후 나의 직업	
5년 후의 나의 모습	
10년 후의 나의 모습	
20년 후의 나의 모습	

과 제

1. 나의 대학생활 4년 계획표와 성공한 나의 모습표를 완성하여 지도교수님께 제출하시오.

14. 상담이론

상담은 상담자와 내담자가 만나는 첫 번째 접촉이며 만남은 대화를 통해서 이루어진다. 상담자는 내담자의 조력자로써 내담자의 필요를 제공할 수 있어야 하므로 그에 따라 갖추어야 할 조건이 많이 있다. 면접의 진행과정에서 지켜야 할 사항을 구체적으로 알아보고자 한다.

14.1 상담면접의 초기단계

상담을 신청해 오면 상담자는 상담에 필요한 각종자료, 즉 내담자의 인적사항, 생활기록부와 같은 성적기록, 사례사, 각종 검사결과 등을 준비한다. 또한 내담자로 하여금 상담신청 카드를 기록하게 함으로써 상담자는 내담자의 일반적인 배경을 알아볼 수 있게 된다.

상담초기에는 먼저 상담의 성격이나 절차를 이야기함으로써 상담의 방향을 잡는다. 상담자가 내담자와의 만남을 통해서 처음에 주어지는 과제는 신뢰감을 형성하는 일이다. 상담자는 수용적이고 온화한 태도로서 내담자에 대한 깊은 관심과 친화감의 형성은 면접을 계속 이어가는 데 중심적인 역할을 한다. 상담관계에서 자연스럽게 대화가 잘 진행되려면 우선 교수님 연구실의 물리적 조건이 잘 갖추어져야 한다. 아늑한 분위기, 편안한 의자, 채광 등을 들 수 있다. 또한 상담에 임하는 태도, 비밀보장의 확인 등 상황구성을 잘 설정해야 하고, 상담을 진행하기 전에 시간제한, 내담자의 행동제한, 상담자의 역할의 구조화 상담진행 과정 및 목표를 설정하여야 한다.

무엇보다도 첫 회 상담에서는 할 일 많기 때문에 구조화를 해야 하는 것이 매우 중요하다. 내담자가 상담관계를 도움이 되는 것으로 받아들일 때 상담의 효과가 가장 크기에 정보를 수집하고 진단하고 상담계획에 대해 논의하면서 동시에 신속하게 친밀한 관계를 형성해야 한다. 초기단계에서 이루어져야 하는 과제를 구체적으로 살펴보고자 한다.

1) 분위기 조성

일반적으로 상담자가 내담자를 어떻게 대해야 하는가에 대해서는 인간중심적인 상담자의 태도가 암묵적으로 요구되고 있지만, 상담자 스스로 공감적이고 무비판적이며 내담자에 대한 태도가 우호적이고 수용적이어야 함이 상담자의 주요과제이다. 상담자는 자신이 어떤 방식으로 말하고 그것이 상담분위기에 미치는 영향에 대해 지속적으로 주의를 기울여야 한다. 그리고 상담초기에는 특히 공감, 따뜻함, 수용적인 태도를 전달하는데 주력해야 한다. 왜냐하면 상담자의 낙관적이고 희망적인 태도를 통해서 내담자는 희망을 발견할 수 있기 때문이다.

초기 면접에서 상담자는 중립적인 태도를 유지하며, 상담자는 친구나 연인, 부모의 역할을 하지 않아야 한다. 즉, 상담과정을 촉진시키는 일은 상담자의 책무인 반면 상담적 작업 자체에 대한 책임은 내담자에게 있다. 특히 첫만남에서는 개인적인 스타일이나 언제, 어디에서 첫만남이 이루어지든지 간에 상담자는 어려움이 얼마나 중요하고 상담자가 자신과 함께 하려는 의지가 있다는 것을 파악하게 되기 때문이다. 그래서 상담자의 비언어적인 행동 즉, 적절한 눈맞춤, 미소, 악수 등은 상담자가 말하는 내용과 일치해야 한다.

2) 상담자가 내담자에게 무엇을 기대하는지 알려주기

상담자는 내남자에게 첫회에서 무엇을 할 계획인지 바로 설명하는 것이 가장 좋은데, 상담자가 어떤 역할을 하는지 알려 줄 때 상담자의 질문과 관련한 여러 가지의 추측으로 내담자가 받을 수 있는 스트레스를 줄일 수 있다.

3) 문제의 영역을 구체화하기

상담자는 내담자가 왜 지금 상담실을 방문했는지, 어떤 증상을 보이는지, 내담자가 어떤 문제로 작업을 원하는지 등을 이해할 필요가 있다. 첫 회기 동안 상담자는 내담자자의 문제에 초점을 맞추어 구체화 한다. 즉 상담자는 내담자가 말한 사소한 것을 조합해 상담자가 작업할 수 있는 문제로 재구성해야 한다. 그리고 상담자는 내담자가 자신의 문제를 이해하는 방식과 상응하는 언어를 사용할 필요가 있다.

그리고 내담자의 이야기 내용을 요약할 때는 내담자의 느낌을 배제해서는 안된다. 실제 상담에서는 상담자가 내담자에게 말할 때 발생한 사건과 그 경험에 관련된 감정을 상담자도 이해하고 동시에 내담자도 이해할 수 있게 도와주어야 한다.

4) 감정을 탐색하기

첫 만남에서는 내담자에게 감정표현의 기회를 주는 것이 중요한데, 어떤 내담자는 이미 마음의 준비가 되어 있어 상담을 시작하자마자 그들의 감정을 명료하게 표현하기도 하지만, 다른 내담자는 자신의 감정을 기술하지 못해 다소 어려운 시간을 보내기도 한다. 특히 첫 회기에서 상담자는 내담자의 고통스러운 감정이나 경험을 탐색할 때 공감적이며 온정적인 태도를 유지해야 한다. 공감한 내용에 대해서 적극적으로 표현하여야 하며, 상담자가 이해하는 바를 기술하고 전달하는 중에 놓친 것이 있다면 내담자에게 상담자의 반응을 수정할 기회를 주는 것이다.

5) 무엇이 이루어져야 하는지에 대해 서로 합의하기

초기 면접에서 시간을 염두에 두는 것이 중요한데, 이유는 문제에 대해서 상담자가 내담자의 동의를 끌어내고 그 다음 회기에 무엇을 할지 논의할 충분한 시간이 필요하기 때문이다. 대부분의 경우 첫 면접의 마지막 부분을 다루기 위해서 10분에서 15분이 필요하다. 이 시점에서 상담자는 자신의 판단 기준에 따라 내담자의 문제를 간략히 요약하고 나서 내담자에게 내담자의 관점에 따른 피드백을 받는 것이 좋다.

6) 해결책이 될 수 있는 대안을 탐색하고, 상담을 계속하는 것이 대안 중 하나가 될 수 있음을 명심하기

상담에서 대안을 모색하게 되는 경우가 많은데, 대안을 선택하는 방안은 모두 포괄적이며 일반적이다. 상담자가 포괄적인 제안을 함으로써 그 이후 내담자가 어떤 결정을 할지에 대해 좀 더 분명한 아이디어를 얻을 수 있다. 반면에 더 많은 시간이 필요하거나 상담보다는 약물복용을 더 원한다면 상담자는 내담자의 그러한 결정과 의견을 지지해 주는 것도 필요하다. 내담자에게 상담을 받으라고 강요하는 것은 좋은 방법이 아니며, 이는 성공하지 못할뿐더러 그 대안에 내담자가 순응하더라도 싫어할 경우 오히려 부작용을 초래한다.

7) 진단내리기

상담자가 어떤 방법을 사용하든지 간에 기본적으로 진단을 내릴 줄 알아야 하며, 내담자에게 도움이 되도록 그러한 진단을 사용하는 방법 또한 습득해야 한다.

8) 상담계획의 수립

상담계획은 상담의 전개방향에 대한 청사진을 제공한다. 내담자가 건설적이고 성취할 수 있는 목표를 세우도록 내담자를 돕는 것이 상담자의 몫이며, 그렇게 하기 위해서는 목표는 기대하는 결과가 분명하게 드러나는 방식으로 진술되고, 상담자와 내담자의 동의 하에 설정되고, 현실적인 것이며, 달성이 가능한 것이어야 한다.

상담계획을 얼마나 성공적으로 수립하는지의 여부는 내담자를 상담과정에 개입시키는 데 얼마나 성공적일 수 잇는지를 좌우한다. 따라서 상담자는 조절과 관리가 가능한 방식으로 상담계획을 수립해야 하는데, 이유는 구체적이고 측정 가능한 단계를 설정함으로써 가능하기 때문이다.

9) 마무리

첫 회기의 마지막에 상담자는 첫 회기에서 무엇을 했는지 검토하고 앞으로 할 일을 계획하며 질문이 없는지를 탐색한다. 이를 통해서 상담자는 상담에서 두 가지 중요한 과제를 성취할 수 있다. 이것은 상담에서 하는 일과 목표에 대해 내담자가 좀 더 분명하게 알 수 있는 기회를 제공할 뿐만 아니라 내담자의 무력감을 감소시킬 수 있다. 상담자는 내담자가 문제에 대해 스스로 무엇인가를 할 수 있다는 점을 알도록 도와야 하며, 내담자가 상담 초기에 스스로 계획을 세우게 함으로써 상담목표를 공략하는 과정에서 더 큰 해결책을 기대할 수 있다는 희망을 가지게 할 수 있다. 그리고 상담회기의 마지막에 내담자에게 첫 회기를 한 후에 남아 있을 모호함을 제거할 기회를 가질 수 있고 앞으로의 회기에 대한 그 어떤 염려나 두려움을 사라지게 함으로써 보다 깊은 신뢰와 친밀한 관계 형성을 가져올 수 있기 때문이다.

13.2 상담의 중기단계

이 단계에서는 초기단계에서 평가된 내담자의 정보를 통해서 내담자가 당면하고 있는 문제를 해결해나갈 수 있도록 돕는 적극적인 원조의 과정이라고 할 수 있다. 이 과정에서는 내담자가 자신에 대한 통찰과 이해를 촉진시킴으로써 문제해결의 실마리를 찾아내는 것이 요구되어진다. 특히 문제해결과정의 단계로서 담자는 초기단계에서 평가된 내용을 어떻게 효율적으로 도울 수 있을지에 대하여 적합한 상담이론에 근거해서 구체적인 전략과 기술을 준비하고 상담에 임해야 한다. 인간의 문제는 나름대로의 적응과 균형을 이루는 삶의 과정에서 나타나는 하나의 현상이라고 할 수 있으며, 이러한 증상에 대한내담자의 이해가 있어야만 생산적이고 보다 균형있는 태도를 갖추고 내담자 자신의 경험에 바탕을 두고 문제해결 능력을 기를 수 있기 때문이다.

상담자는 내담자의 변화를 위해서 내담자의 잠정적인 자원, 강점, 단점 등을 문제해결 과정에 적극적으로 활용해야 한다. 그리고 이 과정에서는 매회기 마다 상담의 목표가 설정되어야 하며, 매 회기마다 적절한 문제해결 방안을 모색하고 실제에 적용할 수 있어야 한다. 그리고 다음 상담에 올 때까지 적용하고 적용되어진 성과에 대한 부분을 다지도록 하는 것이 요구된다. 내담자가 상담에 가져온 문제는 특별한 계기에 특별한 기술이 필요하디기 보다는 일상생활에서 지속적으로 문제해결을 회피했던 경우들이 많다. 그렇기 때문에 내담자가 상담에 가져온 문제를 해결하기 위해서는 일상생활에서 적절하게 기능하고 있는 부분들과 그렇지 못한 부분들을 파악하여 내담자가 가지고 있는 근접영역의 문제를 해결해 나가면서 당면하고 있는 문제를 해결할 수 있는 능력향상을 도모해야 한다. 따라서 상담의 전반적인 목표를 달성하기 위해서는 매 회기마다의 목표를 설정하고 목표달성을 이루어내야 하는 과제가 뒤따르는 과정이라고 할 수 있다.

13.3 상담의 종결단계

상담에서 합의되어진 목표가 달성되면 상담은 종결해야 하는 자연스러운 과정에 돌입하게 된다. 일반적으로 상담의 종격은 상담이 성공해서 종결하는 경우가 있으며, 상담을 더 이상할 수 없는 상황일 경우에 종결을 하게 된다. 우선적으로는 상담이 성공해서 종결하는 경우에는 문제해결이 어느 정도 달성되었는지, 상담 전과 후에 있어서 내담자의 행동변화, 사고변화, 정서변화가 이루어졌는지에 대한 구체적인 점검과 상담종결 후에 내담자의 생활에서 대처방법이나 지도 조언들을 제공할 수 있을 것이다.

그리고 상황적인 이유로 종결이 이루어지는 경우가 있는데 군대에 간다든지, 전학, 또는 전과 등으로 다른 학과로 갈 경우를 들 수 있다. 이 같은 경우에는 내담자가 상담와 다음 도움의 연계가 없으면 불안하거나 문제가 재발하는 경우들이 있으므로 상담자는 적절한 상담 및 안내를 통해서 새로운 상담자의 도움을 받을 수 있는 적절한 조치를 취하는 것이 중요하다.

상담의 종결 시에 반드시 언급해 두어야 할 것은 현재 문제가 해결되었다고 하더라도 앞으로 그런 문제가 다시 생길 수 있고, 갈등이 심핵서 고통스러울 수 있다는 것을 알려

주는 것이다. 그럴 경우에는 내담자 자신이 스스로 직면해서 해결할 수 있는 힘을 길러야 한다.

13.4 상담면접의 기본방법

상담에는 다양한 방법으로 내담자의 감정통찰, 비합리적인 사고의 인식, 부적응적인 행동에 대한 인식 등을 경험하도록 돕는 것이 필요하다. 이때에는 상담자가 여러 가지 기술을 적용할 수 있는데 여기에서는 상담에서 요구되는 가장 기본이 되는 기술을 이해하고자 한다. 우선 경청, 반영, 명료화, 직면, 해석 등의 방법은 어느 상담이론에 근거해서 상담을 하더라도 필수적으로 요구되는 방법들이며, 이러한 방법을 살펴보고자 한다.

1) 경청

경청이란 내담자의 말과 행동에 상담자가 선택적으로 주목하는 것을 뜻한다. 물론 상담자는 내담자의 말과 행동 하나하나를 그냥 흘려보내서는 안 된다. 그렇다고 상담자는 내담자의 모든 말과 행동에 주목하여 반응할 수도 없다. 따라서 상담자가 경청할 때의 관건은 상담자가 상대적으로 더 비중을 두어야할 내담자의 말과 행동을 선택해서 그것에 주목하는 것이다. 즉, 선택적으로 주목함으로써 내담자가 특정 문제에 대해서 탐색하도록 하며, 이 때 상담자가 선택적으로 주목한 것이 내담자의 진술의 흐름에 적합한 것이라면 더욱 유익하다고 할 수 있다.

내담자의 말과 행동에 대한 경청은 상담을 성공적으로 이끄는 주요 요인이다. 내담자는 상담자가 경청하는 것을 좋아한다. 경청은 내담자로 하여금 생각이나 감정을 자유롭게 표현할 수 있도록 복돋아 주며, 자신의 방식으로 문제를 탐색하게 하며, 상담에 대한 책임감을 느끼게 한다.

2) 반영

반영은 내담자의 말과 행동에서 표현된 기본적인 감정, 생각 및 태도를 상담자가 다른 참신한 말로 부언해 주는 것이다. 이것은 내담자의 자기이해를 도와줄 뿐만 아니라 내담자로 하여금 자기가 이해받고 있다는 인식을 갖게 된다. 그런데 내담자가 한 말을 그대로 다시 반복하는 식으로 반영해 주면 내담자는 자기의 말이 어딘가 잘못되는지 않았나 하고 생각하게 되거나 상담자의 그러한 반복에 지겨움을 느끼게 되기 쉽다. 그래서 가능한 한 다른 말을 사용하면서 관심을 가지고 이해하고자 한다는 태도를 보여야 한다.

흔히 내담자의 감정은 '큰 저류가 있지만 표면에는 잔물결만이 보이는 강물'에 비유된다. 즉 내담자의 감정을 정확히 파악하여 내담자에게 전달해 주어야 한다. 이때는 주로 정적인 감정, 부적인 감정, 양가적 감정을 이야기한다. 정적인 감정이란 개성을 발휘하는 방향의 것이고, 부적인 감정은 일반적으로 개성을 구속하거나 자기파괴적인 성질의 것이다. 반면에 양가적 감정은 같은 시간, 같은 대상에 대해 둘 혹은 그 이상의 서로 상반되는 감정들이 공존하는 경우이다. 상담에서는 내담자가 동일한 대상에게 갈등적인 감정과 태도가 있음을 자각하도록 함으로써 내면적 긴장의 원인을 덜어 주게 되는 것이다.

뿐만 아니라 내담자의 언어 표현과 행동단서가 서로 차이가 나거나 모순을 보일 때에는 이를 반영해 주어야 한다. 그리고 상담자의 반영적 반응은 적절한 시기에 적절한 것을 선택해서 해주는 것이다. 선택의 기준은 내담자가 표현한 말과 행동에 담긴 감정과 생각 중 가장중요하고 강한 것이 어떤 것이냐에 따른다. 이때 중요한 점은 내담자가 말로 표현한 수준 이상으로 깊이 들어가지 않는다는 것이다. 내담자가 분명히 표현하지 않은 것을 언급하는 것은 명료화나 해석이 되기 쉽다.

3) 명료화

명료화는 내담자의 말 속에 내포되어 있는 뜻을 내담자에게 명확하게 말해주는 것이다. 즉, 내담자의 실제 반응에서 나타난 감정 또는 생각 속에 암시되었거나 내포된 의미를 내담자에게 보다 분명하게 말해 주는 것이다.

이 때 내담자에게 언급해 주는 내용은 어디까지나 내담자의 표현 속에 포함되었다고 상담자가 판단하는 것이 된다. 즉 명료화의 자료는 내담자가 자신은 미처 충분히 자각하지 못하는 의미 및 관계이다. 내담자가 애매하게만 느끼던 내용이나 불충분하게 이해한 자료를 상담자가 말로 정리해 준다는 점에서 명료화는 내담자에게 자기가 이해를 받고 있으며, 상담이 잘 진행되고 있다는 느낌을 갖게 해 준다. 그리고 내담자로 하여금 미처 생각하지 못했던 측면을 다시 생각하도록 하는 자극제가 되는 것이다.

4) 직 면

직면은 내담자가 모르고 있거나 인정하기를 거부하는 생각과 느낌에 대해서 주목하도록 하는 상담자의 언급(지적)이다. 상담자는 다음과 같은 상황에서 내담자를 직면시킬 수 있다.

1) 내담자 스스로는 깨닫지 못하고 있지만 그의 말이나 행동에서 어떤 불일치가 발견될 때 상담자는 이 불일치를 지적할 수 있다.
2) 내담자로 하여금 자신의 욕구에 의해서만 상황을 바라볼 것이 아니라 상황을 있는 그대로 볼 수 있도록 하는 데 직면 반응이 사용될 수 있다. 달리 말하면, 상담자는 직면 반응을 통해 내담자로 하여금 그가 경험하고 있는 상황에 대한 대안적인 참조의 틀을 가지게 함으로써 기존 경험상의 왜곡을 해소할 수 있다.
3) 내담자가 상담에서 어떤 화제를 피하거나 다른 사람의 의견이나 생각, 느낌 등을 받아들이려고 하지 않을 때, 이를 내담자에게 이해시키는 데에도 사용될 수 있다.

직면을 사용할 때 주의해야 할 점은 단순히 내담자의 부정적인 측면에 초점을 맞추거나 내담자 자신의 한계를 깨닫도록 하는 것이 직면 반응의 목적 전부가 아니라, 직면 반응에는 내담자가 미처 깨닫지 못했거나 사용하지 않은 능력과 자원을 지적하여 주목하게 하는 것도 포함된다. 그리고 이러한 직면 반응은 내담자가 상담자를 깊이 신뢰하고 있고, 상담자가 내담자의 성장과 변화를 진솔하게 배려하는 분위기에서 행해지는 것이 바람직하다.

5) 해 석

해석이란 내담자가 자기기 문제를 새로운 각도에서 이해하도록 그의 생활 경험과 행동을 설명해 주는 것이다. 해석의 방법은 행동 및 성격 변화의 원리와 가정에 따라 결정되는 것이기 때문에, 사례에 따라서 적절히 그리고 다양하게 활용될 수밖에 없을 것이다. 핵석의 대상, 시기, 제한점을 들면 다음과 같다.

1) 해석의 대상은 상담의 초기에는 잘못된 기대나 미온적인 태도를 해석하며, 상담이 진행됨에 따라서 내담자의 방어기제들이나 문제에 대한 생각, 느낌 및 행동양식 등을 해석의 대상으로 삼는다.
2) 해석의 적절한 시기는 가장 중요한 문제이다. 해석은 내담자가 받아들일 준비가 되어있다고 판단될 때 조심스럽게 하는 것이 중요하다. 즉 내담자가 거의 깨닫고는 있으나 확실하게 개념화하지 못하고 있을 때 해석을 해 주어야 가장 효과적이다.
3) 해석을 하는데 있어서 중요한 제한점은 해석이 위협을 주는 경우이다. 내담자가 새로운 지각과 이해를 받아들이려 하지 않을 때는 저항이 일어날 수도 있다. 이 때 해석은 내담자의 자기탐색을 감소시키는 결과를 초래할 수 있다. 또한 해석 때문에 지나치게 자신의 문제를 주지화하는 경향을 초래할 수 있다. 다시 말해서 주지화는 내담자가 자기의 내면적 감정을 드러내지 않으려는 방어 수단으로 이용될 수 있는 것이다.

13.4 상담자의 역할과 자질

1) 상담자의 역할

상담자는 주로 내담자의 일상생활에서 나타나는 문제와 심리적인 문제를 해결하고 지원하며 자기통제력을 가지고 자율적인 태도로 현실생활에 적응하도록 돕는 주된 역할을 갖는다. 상담자의 역할은 일반적으로 다섯 가지로 규정하고 있으며 그 내용은 다음과 같다.

(1) 치료자로서의 역할

내담자가 자신에 대한 탐색과 이해를 통해서 자신을 존중하고 수용할 수 있으며 내적인 자신의 힘을 발견하고 성장시켜가는 부분에 대한 책임을 수용하게 되어, 내담자 스스로가 스스로를 돕는 방법을 찾도록 지원하는 것이다.

(2) 교육자로서의 역할

문제 발생 후에 처치를 하는 차원으로 문제해결을 돕기도 하지만 예방적인 차원에서 문제해결 방법을 배울 수 있도록 돕는 것이다.

(3) 연구자로서의 역할

상담자가 경험하고 있는 문제가 내담자에게 삶의 여러 측면을 성장하게 하는지, 그리고 성장을 방해하는 측면은 어떤지와 내담자의 자원을 어떻게 활용할 수 있는지 등에 대한 연구가 선행되어야 내담자를 더 잘 도울 수 있다. 한편 상담자는 자신의 내적, 외적 성장을 가져올 수 있도록 지속적인 노력을 필요로 하며, 연구 활동은 이와 같은 측면의 지원을 한층 더 잘하게 된다.

(4) 자문자로서의 역할

상담자는 실제적인 경험과 이를 통해 얻어진 연구결과를 토대로 인접분야의 전문가들과 협력해서 자문을 제공할 수 있다. 자문자로서의 상담자는 개인의 변화뿐만 아니라 사회전반적인 변화를 가져오는데 전문가로서의 책임을 수행하게 된다.

(5) 지역사회개발 지원자로서의 역할

상담자의 개인 및 집단을 대상으로 한 활발한 상담활동은 곧 지역사회의 인적자원의 개발 및 변화를 지원하는 역할을 수행하는 것이다.

2) 상담자의 자질

상담자가 훌륭한 인간적 자질을 갖추어야 하는 이유는 치료적 도구로서의 상담자, 본보기로서의 상담자 역할을 수행하기 때문이다. 한편 전문적인 자질로서는 상담이론에 대한 이해, 상담방법과 절차에 대한 이해, 실습 및 실습지도를 통해서 키워나갈 수 있다. 상담자의 보다 훌륭한 자질은 인간적인 자질을 기반으로 해서 전문적인 자질을 갖추어 수행할 수 있을 때 내담자를 더 잘 도울 수 있으며 상담자 또한 더욱더 성장할 수 있게 된다.

과 제

1. 지도교수님께 상담을 요청하고 공학교육 인증과정에 대해 상담한다.

2. 지도교수님께 장래희망을 이야기하고 지도해 주시는 내용을 적어보자.

15. 지도이론

15.1 생활지도의 개념

생활지도는 영어의 'guidance'를 번역하여 사용하는 개념으로 '인내하다', '지도하다', '이끌다', '관리하다' 등의 의미를 갖는다. 이러한 맥락에서 본다면 생활지도는 학생들의 성장과 발달을 바람직한 방향으로 성장 · 발달하도록 안내하고 지도하며 이끌어주는 의미가 포함되는 내용이라 볼 수 있다. 생활지도의 개념에 대해서는 여러 학자들이 다양하게 정의를 하고 있는데, 그중 Miller(1971)는 생활지도를 '학교와 가정, 지역사회에 최대한으로 적응하기 위해 자기 자신을 이해하고, 자기주도적으로 주요한 결정을 내리는 능력을 함양하도록 도와주는 과정'으로 정의했다. 또한 Shertzer와 Stone(1981)은 생활지도를 '개인들이 자기 자신과 자신의 주위 세계를 이해할 수 있도록 도와주는 과정'이라고 정의했다. 이와 같이 생활지도에 대한 여러 학자들의 정의를 종합하여 볼 때, 생활지도는 학생 개개인이 자신과 자신의 주변 환경에 대한 이해를 바탕으로 일상생활에서 직면하는 다양한 문제를 스스로 해결하여 건전하게 성장 · 발달할 수 있도록 도와주는 지속적인 조력과정으로 볼 수 있다.

15.2 생활지도의 필요성

오늘날 학교교육에서 생활지도는 매우 중요한 교육활동으로 인식되고 있다. 교과지도가 주로 학생들의 인지적이고 기능적인 측면에서의 발달을 추구하는 데 중점을 둔다면, 생활지도는 학생들의 정서적이고 인성적인 발달을 토대로 학교와 가정, 지역사회에 적응할 수 있도록 도와주는 교육활동이다. 이러한 측면에서 생활지도의 필요성에 대해 살펴보면 다음과 같다.

첫째, 청소년의 비행과 문제행동은 물론 청소년의 정신건강 문제가 점차 심각하게 대두되고 있는 시점에서 이에 대한 예방 차원으로서 생활지도가 매우 중요하다 할 수 있다. 청소년들에게 자주 발생하는 비행과 문제행동은 폭력, 절도, 음주, 흡연, 약물남용, 가출, 자살 등인데, 단독으로 행해지는 경우보다 대부분 집단을 형성하여 발생되고 있으며, 그 정도도 점점 양적으로 증가되고 있음은 물론 질적으로 횡포화 되고 있으며 발생연령도 점차 낮아지고 있다. 또한 청소년들은 또래 및 부모와의 관계, 학업 및 진로에 대한 과잉부담, 충격적인 사건 등이 원인이 되어 정신건강 상의 문제가 발생되고 있으며, 최근에는 우울증, 외상후 스트레스장애, 신경성 식욕부진증, 신경성 폭식증, 품행장애, 반항성장애 등이 과거에 비해 청소년들에게 자주 나타나고 있다. 따라서 교사들은 청소년의 정신건강 문제와 관련하여 학교에서 학생들을 꾸준히 세심하게 관찰하면서 조기에 발견하여 문제를 예방하는 역할을 해야 할 것이다.

둘째, 청소년들의 건강한 성격을 형성하도록 돕는 활동으로서 생활지도가 중요하다. Erikson이 청소년 시기의 가장 중요한 발달과업은 자아정체성의 확립이라고 하였듯이, 이시기에 많은 청소년들은 "나는 누구인가?", "나에게 무엇이 중요하고 의미 있는 가치는 무엇인가?", "나는 어떤 사람이 될 것인가?"와 같은 근본적인 문제에 대해 고민을 하며, 자신의 지적 · 사회적 · 성적 · 도덕적인 여러 측면을 통일된 자아정체성으로 통합하려 노력한다. 그러나 청소년 시기에는 신체적 변화와 성적 성숙이 급격하게 이루어질 뿐만 아니라 아이도 성인도 아닌 주변인으로서의 존재적 특징 때문에 새롭게 부과되는 다양한 사회적 요구에 양가적 상황에 처하게 되며, 진학과 전공선택의 문제나 이성문제 등과 같은 상황에서 수많은 선택과 의사결정을 해야 하기 때문에 자아정체감 위기를 경험할 수 있다. 따라서 학교 현장에서 교사는 교과지도의 임무 이외에 생활지도의 책무 차원에서 마음을 열고 학생들과 진실된 대화를 나눔으로써 학생들에게 정서적 지지를 해 줄 수 있어야 한다. 즉 교사는 학생들의 수용 가능한 행동에 대한 한계를 명확히 하면서도 진정한 마음으로 공감하고 수용해 주는 동시에 학생들에게 안정감을 줄 수 있어야 한다.

셋째, 급격한 사회의 변화에 따른 직업의 세분화와 전문화에 대한 대응 차원에서 생활지도가 중요하다. 우리 사회가 정보화 및 지식 사회로 바뀌면서 직업의 세계는 점점 더 전문화되고 분화되고 있다. 이에 따라 아동 및 청소년들은 이 세상에 어떠한 직업들이 있는지, 자신의 능력이나 적성에 맞는 직업 분야에는 어떤 직업들이 있는지, 그리고 그 직업을 얻기 위해 필요한 조건은 무엇이며, 그 직업의 전망은 어떠한지 등에 대한 도움을 필요로 하고 있다. 이러한 차원에서 학교에서의 생활지도는 사회 및 직업의 급속한 변화에 학생들이 적극적으로 대처할 수 있도록 도와주기 위한 체계적이고 전문적인 진로지도 활동으로서 매우 중요하게 되었다.

넷째, 가족구조의 변화 측면에서 학교에서의 조직적이고 체계적인 생활지도가 더욱 더 절실하게 요구되고 있는 상황이다. 예전에는 대가족에서 핵가족으로의 변화가 주된 변화의 양상이었지만, 현재 우리나라는 핵가족 비율의 증가와 함께 점차 소가족화 되고 있을 뿐만 아니라 최근 들어 자녀가 부모 중 한명 하고만 사는 가족형태인 한부모가구가 이혼 증가 등의 사유로 인해 증가하고 있다. 또한 국제결혼의 증가, 외국인노동자의 대거 유입 등으로 인해 다문화가족이 급속하게 증가되고 있으며, 배우자의 가출 혹은 경제적 문제로 인한 장기출타 · 별거 등 여러 이유에 따라 할아버지나 할머니가 양육하는 조손가정도 점차 늘고 있다. 이에 따라 소가족, 한부모가정, 다문화가정, 조손가정 등의 학생들이 학교와 학교 밖의 생활에 잘 적응할 수 있도록 학교 차원에서 세심하고 주의 깊은 생활지도가 시급한 시점이라 할 수 있다.

1) 생활지도의 목표와 원리

(1) 생활지도의 목표

생활지도의 일차적인 목표는 생활지도의 대상으로서 학생들이 학교와 학교 밖에서 직면하는 다양한 문제를 스스로 해결하여 건전하게 성장·발달할 수 있도록 도와주는 데 목표를 두게 된다. 이러한 생활지도의 목표는 다음과 같이 구체적으로 구분된다(Humphrey & Traxler, 1954).

1. **자신에 대한 올바른 이해**: 학생들이 자기 자신을 정확하게 이해하도록 돕는다.
2. **자신의 잠재력 발견 및 계발**: 학생들이 가능한 한 자신의 노력으로 자신이 지닌 잠재력을 발견해서 그것을 충분히 계발하도록 돕는다.
3. **자율적인 문제해결능력 배양**: 학생 개개인으로 하여금 수시로 직면하는 자신의 문제를 정확히 파악해서 스스로 해결할 수 있도록 돕는다.
4. **전인적 발달 도모**: 학생들이 신체적, 인지적, 정서적, 사회적으로 조화되고 통합된 발달을 하도록 돕는다.
5. **환경에의 적응 조력**: 학생들이 복잡하고 다양한 생활환경 속에서 현명하게 선택하고 적응할 수 있도록 돕는다.
6. **사회구성원으로서의 자질 함양**: 학생들이 자신이 속한 사회를 위해 공헌할 수 있도록 돕는다.

생활지도는 학생 개개인을 직접 도와주는 활동 이외에도 교사와 학교행정가에게도 간접적으로 여러 측면에서 도움을 주고 있다. 이에 대해 구체적으로 제시하면 다음과 같다(Froehlich, 1950).

1. **학생에 대한 이해 및 지도 촉진**: 생활지도 활동을 통해 교사는 학생을 보다 정확하게 이해하도록 도와준다.
2. **학생지도의 역량 제고**: 생활지도 활동을 통해 교사는 생활지도에 임하는 바람직한 태도와 기술, 즉 학생들의 행동을 분석하고 이해하는 기술을 지니도록 도와준다.
3. **지역사회와의 협력 강화**: 학교의 생활지도 활동은 학교와 지역사회 간의 유대 강화

를 하는 데 도움이 된다.

4 **연구 활동 촉진** : 학교의 생활지도 활동은 교사나 학교 자체의 연구 활동에도 많은 도움이 된다.

(2) 생활지도의 원리

생활지도의 목적을 달성하기 위해 취해야 할 원리는 크게 기본원리와 실천원리로 구분될 수 있다. 기본원리는 생활지도를 하는 데 있어서 기본적으로 유의해야 할 원리이고, 실천원리는 생활지도 활동을 구체적으로 실천해 나가는 데 있어서 준수해야 할 원리이다. 이에 대해 차례대로 살펴보면 다음과 같다(주영흠 외, 2002).

기본원리

1 **학생의 존엄성 인정과 수용의 원리** : 생활지도에서는 학생의 존엄성을 인정하며, 학생이 어떤 상태나 상황에 처해 있든 긍정적으로 수용하고 이해해야 한다.

2 **자율성 존중의 원리** : 생활지도는 모든 학생이 정상적으로 발달하도록 도움을 주는 과정이기 때문에, 생활지도에서는 학생 자신의 문제를 파악하고 적극적으로 해결하도록 도와주어야 한다. 따라서 생활지도에서는 학생 자신의 자율적인 판단과 자발적인 활동이 강조되어야 한다.

3 **적응의 원리** : 생활지도는 학생들로 하여금 전반적인 생활에 잘 적응하도록 도와주는 활동이므로 자신의 현실에 순응하게 하는 소극적인 적응보다는 개인의 능력과 특성을 되살려 적극적으로 자신을 이끌어가게 하는 능동적인 적응이 강조되어야 한다.

4 **인간관계의 원리** : 생활지도에서는 학생들의 생활태도나 가치관의 변화나 인성적 감화와 같은 정의적 학습이 강조되는데, 이러한 학습은 교사와 학생 사이에 참다운 인간관계가 성립될 때 가능하다.

5 **자아실현의 원리** : 생활지도의 궁극적 목적은 모든 학생들이 자아실현을 하도록 하는 데 있다. 따라서 생활지도는 개인적인 문제의 해결, 새로운 장래의 설계, 학교

생활에 대한 건전한 적응 등을 통해 모든 학생이 자기 나름의 완성을 가하도록 조력하는 것이 되어야 한다.

실천원리

1 **계속과정의 원리** : 생활지도는 한번으로 끝나는 것이 아니라 계속적인 활동으로 이루어져야 한다. 그러기 위해서 생활지도는 진급, 진학이나 취업에 대한 진로지도뿐만 아니라 지속적 관찰까지 연결되어야 한다.

2 **전인적 발달의 원리** : 생활지도에서는 개인의 특수한 영역이나 기능의 일부만을 다루는 것이 아니며, 전체적인 면을 통합적으로 지도하여야 한다. 그리하여 모든 학생들이 조화로운 인간성을 갖추도록 해야 한다.

3 **균등의 원리** : 생활지도는 모든 학생을 대상으로 이루어져야 한다. 생활지도는 문제아나 부적응아들의 문제만을 지도하고 해결하는 것이 아니라 전체 학생들의 잠재력을 최대한으로 계발하는 것에 중점을 두어야 한다.

4 **과학적 기초의 원리** : 생활지도는 학생들에 대한 올바른 이해와 지도를 위해 구체적이고 객관적인 자료와 과학적인 이론을 토대로 실천되어야 한다.

5 **적극적 예방의 원리** : 생활지도에서는 학생들의 문제행동에 대한 치료도 중요하지만, 그보다는 적극적인 예방지도에 더 주력해야 한다. 즉 생활지도는 이미 나타난 문제해결이나 그 치료보다는 문제가 근본적으로 이러나지 않도록 하는 예방적인 지도에 중점을 두어야 한다.

6 **협력의 원리** : 생활지도는 담임교사나 상담교사만의 업무가 아니고 학교의 전체 교사, 가정의 부모, 관련 전문가, 지역사회 인사의 협력활동에 의해 실천되는 활동이어야 한다.

2) 생활지도의 영역

생활지도는 학생들의 정인적인 인간 형성에 관심을 갖기 때문에 그 영역은 학생들의 모든 생활과 관련이 되어야 한다. 생활지도의 주요 영역을 구분하여 살펴보면 다음과 같다(신윤호, 오만록, 2005).

1 **교육지도** : 교육지도는 학업에 관한 지도로서 특히 학생들이 자신의 개성, 흥미, 능력 등에 부합되는 학습활동을 전개하는 데 필요한 정보나 자료를 제공함으로써 학생 개개인의 가능성을 최대한으로 계발하도록 돕는 활동이다. 이 교육지도 영역에는 신입생을 위한 오리엔테이션, 교육정보 제공, 학습부진아 지도, 학습방법 지도, 학과 및 학교 선택지도 등이 포함된다.

2 **진로지도** : 진로지도는 학생들이 자신의 진로에 대한 의식을 고취하고 자신의 적성에 맞는 진로의 결정과 그 목표달성에 필요한 활동을 실행할 수 있도록 돕는 활동이다. 이 진로지도 영역에는 직업적성 지도, 직업준비 지도, 진학지도, 직업선택과 정보제공 등이 포함된다.

3 **인성지도** : 인성지도는 성격지도라고도 하는데, 개인의 건전한 인성 발달을 도모하기 위한 지도 활동을 말한다. 이 인성지도에는 건전한 인성 형성에 대한 지도뿐만 아니라 정서적 불안, 욕구불만, 정신건강, 개인의 습관 및 태도 등의 개인적 · 심리적 부적응 문제에 대한 지도가 포함된다.

4 **사회성지도** : 사회성 지도는 학생들이 가정, 학교, 사회에서 건강하고 유능한 구성원으로서 생활할 수 있도록 돕는 활동이다. 이 영역에서는 교우관계, 이성관계, 가족관계, 기타 사회나 타인과의 관계에서 발생하는 문제를 지도하는데 관심을 갖는다.

5 **건강지도** : 건강지도는 학생들의 신체적 발달과 증진을 위한 조력활동을 말한다. 이 영역에서는 신체적 결함, 운동 부족, 영양상태, 위생관념의 문제 등을 지도하며, 보건에 대한 일반적인 지식과 방법의 습들, 간단한 치료법, 전염병의 예방법, 건강에 대한 적당한 운동 및 올바른 습관형성 등에 대한 지도에 관심을 갖는다.

6 **여가지도** : 여가지도는 학생들이 여가를 유효적절하게 이용하도록 조력하는 것을 말한다. 가치 있는 여가활동으로는 운동, 독서, 미술, 오락, 사회활동 등을 들 수 있으며, 이러한 활동 중에서 각 개인의 흥미, 요구, 능력, 성격 등에 따라 가장 적합한 것을 선택하여 여가를 선용하도록 지도해야 한다.

3) 생활지도의 주요 활동

생활지도 활동(guidance service)은 일반적으로 학생조사활동, 정보제공활동, 상담활동, 진로지도, 지속적 관찰과 같이 다섯 가지 주요 활동으로 구성된다. 이 다섯 가지 주요 활동에 대해 구체적으로 살펴보면 다음과 같다.

(1) 학생조사활동

학생조사활동은 학생이해활동이라고도 하는데, 학생들의 개별성을 이해하는데 필요한 자료를 수집·분석하는 활동이다. 학생조사활동의 대상은 가정환경, 학교성적, 특별활동, 교외활동, 교우관계, 지능, 적성, 흥미 성격, 건강, 장래희망 등은 물론 현재의 적응 또는 부적응과 관련되는 모든 상황 및 조건이다. 학생을 이해하는 방법으로는 지능검사, 적성검사, 흥미검사, 성격검사 등과 같은 표준화 검사가 있고, 비표준화검사 방법으로는 투사법검사, 관찰법, 평정법, 질문지법, 면접법, 사례연구법 등이 있다. 이 중 지능검사, 성격검사(MMPI, MBTI), 투사법 검사에 대해서는 5장에서 구체적으로 살펴보기로 한다.

(2) 정보제공활동

정보제공활동은 생활지도활동의 두 번째 활동으로서 학생들이 필요로 하는 각종 정보와 자료를 제공하는 활동이다. 학생들에게 제공되는 정보는 다음과 같이 크게 교육정보, 직업정보, 개인적·사회적 정보 등으로 구분할 수 있으며, 이에 대해 구체적으로 살펴보면 다음과 같다.

가. 교육정보

교육정보란 교육활동에 도움이 되는 타당하고도 유용한 정보를 말한다. Shertzer와 Stone(1981)은 생활지도에 필요한 교육정보를 다음과 같이 제시하고 있다.

① 학교생활에 관련된 제반 규칙

② 교과 및 교육과정

③ 학교의 클럽활동과 사회적 활동
④ 학교의 교육목적 및 방침
⑤ 상급학교 진학자를 위한 과정과 비진학자를 위한 과정
⑥ 진학에 필요한 비용
⑦ 학교의 면학을 위한 시설과 설비
⑧ 학습습관과 기술에 관한 사항
⑨ 특정 과목 및 과정의 학습방법
⑩ 학교도서관의 이용법과 기타 시설의 이용법
⑪ 장학제도 및 기타 학비조달에 관한 사항
⑫ 졸업 후의 계속교육에 관한 사항
⑬ 실습 및 훈련에 대한 기회와 계획
⑭ 상급학교 교육프로그램에 관한 안내 등

나. 직업정보

직업정보란 직업에 대한 타당하고도 유용한 자료를 말한다. Shertzer와 Stone(1981)은 생활지도에 필요한 직업정보를 다음과 같이 제시하고 있다.

① 노동력에 관한 자료
② 직업구조 및 특성
③ 취업의 경향
④ 직업분류와 직종
⑤ 각종 직업에서의 직무와 업무의 특성
⑥ 각종 직업에 취업하기 위한 자격
⑦ 각종 직업에 필요한 준비와 훈련
⑧ 승진에 필요한 방법과 지식
⑨ 각종 직업에서의 작업조건
⑩ 직업연구에 필요한 정보

⑪ 직업정보를 평가하기 위한 기준

⑫ 고용과 취업 담당기관

⑬ 부직에 대한 정보 등

다. 개인적 · 사회적 정보

개인적 · 사회적 정보는 자신과 타인을 이해하고 사회생활에 필요한 정보를 말한다. 생활지도에 필요한 개인적 · 사회적 정보는 다음과 같다.

① 자기이해와 자기통찰의 성취

② 이성 또는 동성과 성숙된 인간관계 유지

③ 남성 또는 여성의 성역할 이해

④ 건전한 인성발달

⑤ 개인의 행동과 특성 및 개인차의 이해

⑥ 가정의 조건과 부모의 기대에 대한 이해와 적응

⑦ 이성관계, 성, 결혼에 대한 이해

⑧ 정신적 · 신체적 건강과 발달의 성취

⑨ 예의범절

⑩ 사회적 기술, 여가생활의 건전한 활용 등

(3) 상담활동

상담활동(counseling service)은 생활지도의 중심 활동으로서 위에서 전개된 생활지도와 정보제공활동을 통해 획득한 종합적인 자료와 정보를 근거로 하여 상담자와 내담자간의 친밀한 관계 속에서 대화가 전개되는 것이 보통이다. 상담활동과 관련된 구체적인 내용과 각종 상담이론은 다른 책들을 참고한다.

학교에서의 상담은 지도교수가 부적응 학생을 대상으로 실시하는 교육적 목적의 상담에 관한 것이다. 따라서 학교에서 실시하는 상담은 전문상담가가 상담기관이나 상담실에서 실시하는 상담과는 다른 특징이 있다. 구체적으로 일반상담(therapeutic counseling)

과 학교상담(school counseling)은 차이가 있다. 첫째, 일반상담에서는 문제행동(심리)이 있는 학생이 대상이 되는 반면, 학교상담에서는 모든 학생이 대상이 된다. 둘째, 일반상담에서는 치료와 개선을 목적으로 한다면, 학교상담에서는 예방을 중요시한다. 셋째, 일반상담에서는 치료적 관점으로 학생을 바라보는 반면, 학교상담에서는 발달적 관점으로 학생을 바라본다. 넷째, 일반상담에서는 학생의 문제 영역에 초점을 두는 서비스라고 한다면, 학교상담은 학생생활의 모든 영역에 걸친 서비스다. 다섯째, 일반상담에서는 교사의 조력과 협력이 적은 반면, 학교상담에서는 교수의 적극적인 조력 및 협력이 필수다.

(4) 진로지도

진로지도란 상담의 결과 학생들을 적재적소에 알맞게 배치하는 활동이다. 즉 교과지도, 취업지도, 부직알선지도, 기타 적응 등에 있어서 자신과 진로를 정확하게 이해하여 학생들이 자신의 배치를 현명하게 선택하는 데 도움을 주는 것이다. 이러한 진로지도는 크게 교육적 진로지도와 직업적 진로지도로 구분된다. 교육적 진로지도에는 교과활동의 선택에 대한 지도, 교과이외 활동의 선택에 대한 지도, 실습·훈련과정에 대한 지도 등이 포함되며, 직업적 진로지도에는 직업 및 진로 선택에 대한 지도, 부직 알선에 대한 지도 등이 있다.

진로지도에 포함되는 구체적인 내용을 제시하면 다음과 같다.

- 학생들을 일정 수준의 능력에 도달하게 하기 위해 능력별로 배치하는 일
- 교육과정이나 교과목을 학생 개개인의 수준에 맞게 선택하도록 돕는 일
- 교과이외의 활동을 선택하도록 돕는 일
- 학생 자신의 능력에 맞는 부직을 구하도록 돕는 일
- 상급학교와 직업 선택을 현명하게 하도록 돕는 일
- 졸업생이 계속 근무할 수 있는 직업을 정하도록 돕는 일

(5) 지속적 관찰

지속적 관찰(follow-up service)이란 진로지도를 통해 적재적소에 배치된 학생들의 추후 적응상태를 확인하여 부적응상태에 대해서는 계속적으로 적절한 조치를 취하고, 아울러 지금까지의 전체 생활지도활동의 평가 및 개선을 위한 정보를 수집하여 보다 효과적이고 질 높은 후속적인 생활지도를 펼치기 위한 활동을 말한다.

지속적 관찰에 포함되는 구체적인 내용을 제시하면 다음과 같다.

- 학교를 졸업하였거나 과거에 지도했던 학생에게 계속해서 그가 당면한 상황에 대한 정보를 주는 일
- 지도 학생에게 계속해서 자기를 평가하고 이해할 수 있는 정보를 제공하는 일
- 지도 학생이 얼마나 직장, 직업에 적응된 생활을 하고 있는지를 확인하는 일
- 졸업생과 계속 접촉하여 친화감을 유지하면서 교육적인 영향력을 발휘하는 일
- 기업, 학생, 학교, 지역사회 간의 유대를 긴밀하게 하는 일
- 지도 학생들로부터 학교교육 활동에 도움이 되는 건설적인 의견을 듣는 일
- 지도 학생들을 위해 계속적인 상담활동을 하는 일

부 록

1. 공학교육인증 소개
2. ○○공학 프로그램 교육과정 운영내규
3. KEC2005 인증 기준

1. 공학교육인증 소개

1.1 공학교육 인증의 목적

공학교육인증의(이하 공인원) 인증의 기본방침은 대학의 공학 및 관련 교육을 위한 교육 프로그램 기준과 지침을 제시하고, 이를 통해 인증 및 자문을 시행함으로써 공학 교육의 발전을 촉진하고 실력을 갖춘 공학기술 인력을 배출하는데 기여하기 위한 것으로 인증의 목적은 다음의 4가지로 정리할 수 있다.

1) 인증된 프로그램을 이수한 졸업생이 실제 공학현장에 효과적으로 투입될 수 잇는 준비가 되었음을 보증한다.
2) 해당 교육기관이 인증기준에 부합되는지의 여부와 세분화된 공학교육 프로그램이 인증 기준에 부합되는지의 여부를 식별한다.
3) 공학교육에 새롭고 혁신적인 방법의 도입을 장려하여 공학교육 프로그램에 대한 지침을 제공하고 이에 대한 자문에 응한다.
4) 공학교육 발전을 촉진하고 산업과 사회가 필요로 하는 실력을 갖춘 공하 기술인력을 배출할 수 있도록 기여한다.

1.2 공학교육 인증의 혜택

삼성그룹의 16개 계열사는 면접전형 10% 가점 부여하고, Ericsson-LG은 서류전형 10% 가점 부여하고 있으며, (주)안철수연구소, NHN, KT, SK 커뮤니케이션즈 등은 서류전형에서 우대하고 있다. 이 외에도 많은 기업과 협회에서 공학교육 인증을 받은 자를 대상으로 많은 혜택을 주고 있다.

1.3 공학교육인증의 효과

공학교육인증 평가에 따른 인증효과는 학생, 대학교, 산업체 나아가서는 국가에 이르기까지 공학기술의 경쟁력을 향상시키는 결과를 가져오게 된다. 그에 따른 공학교육과 관련된 효과는 아래와 같다.

학생

1) 수요지향 교육 이수를 통한 취업경쟁력 우위 확보
2) 국가간 학위의 등가성 확보를 통한 해외취업, 진학 및 자격증 취득 시 유리

산업체

1) 창의성과 현장적응력을 갖춘 인재 채용을 통한 기업의 경쟁력 향상
2) 신입사원 재교육을 위한 시간 및 경비 정감

대학

1) 지속적인 강의 품질 개선을 통해 졸업생의 역량 보장을 통한 대학의 경쟁력 제고
2) 인증받은 학위과정 운영을 통해 우수 신입생 유치에 유리
3) 글로벌 스탠더드를 준수하는 교육체계 구축을 통해 유학생 확보에 유리

국가 및 사회

1) 글로벌 스탠더드에 부합하는 공학교육인증에 후원을 통해 사회에서 필요로 하는 다양한 인재 공급
2) 산업체를 포함한 사회에서 요구하는 다양한 인재의 육성을 통해 국가 경쟁력 강화

1.4 (사)한국공학교육인증원 인증규정

1999. 7. 14. 제정
2004. 12. 7. 개정
2006. 1. 20. 개정
2009. 11. 20. 전문개정
2012. 1. 1. 개정

제 1 장 총칙

제 1 조(목적) 본 규정은 (사)한국공학교육인증원(이하 "공인원")의 정관 제2조에 의거하여 공인원의 인증을 위한 업무와 일반 운영에 관한 사항을 정한다.

제 2 장 인증의 목적

제 2 조(인증의 정의)

① 인증 받은 프로그램을 이수한 졸업생이 공학 실무에 효과적으로 종사할 수 있는 준비가 되어 있음을 보장한다. 여기서 "공학"은 공학, 컴퓨터정보기술, 공학기술 분야를 총칭한다.

② 해당 교육기관과 공학교육 프로그램이 인증기준에 부합되는지의 여부를 식별한다.

③ 공학교육의 질 향상과 지속적 개선을 위한 다양한 시도를 장려하며, 공학교육 프로그램에 대한 지침을 제공하고 자문한다.

④ 해당 교육기관의 인증받은 공학교육 프로그램이 우수한 교육프로그램임을 일반이 식별할 수 있게 한다.

제 3 조(인증의 대상) 이 규정은 고등교육법에 따라 인가를 받은 전문학사 이상의 학위를 수여하는 고등교육기관에서 제공하는 정규 학위과정의 공학교육 프로그램을 대상으로 한다.

제 4 조(인증의 단위) 공인원은 교육기관이나 학사행정단위보다는 교육 프로그램 단위로 인증한다. 하나의 학사행정단위가 여러 개의 교육 프로그램을 운영하고 있는 경우에는 각각의 프로그램 단위로 인증 받아야 한다.

제 5 조(인증의 의미) “공학교육 프로그램이 공인원의 인증을 받았다.”함은 이 프로그램이 공인원이 규정한 최소한의 인증기준을 만족하고 있음을 의미한다. 인증 판정의 차이가 프로그램의 질적인 차이를 의미하는 것은 아니다.

제 3 장 인증기준

제 6 조(인증기준) 공인원은 공학교육 인증을 위하여 인증기준을 수립하고, 이에 따라 평가하고 인증을 부여한다. 또한 이러한 인증기준을 적용함에 있어서 공학교육 프로그램의 특성화와 차별화를 존중할 수 있도록 융통성 있게 적용한다.

제 7 조(인증 지침)

① 일반 인증기준과 전공분야별 인증기준을 만족시키는 공학교육을 제공하고 있다고 판단될 때 인증한다.

② 공학인으로 능력을 갖추기 위해 필수적인 교육요소를 제공하지 않는 경우에는 인증하지 아니한다. 또한, 아무리 우수한 공학교육 프로그램이라고 하더라도 공학인의 기초능력을 개발시키지 않는 프로그램은 인증하지 아니한다. 여기서 “공학인”은 공학, 컴퓨터정보기술, 공학기술 분야 실무 종사자를 총칭한다.

③ 경직된 인증기준을 적용함으로써 공학교육이 획일화되는 것을 배제하고, 공학교육의 독창 적이고 실험적인 측면을 장려하도록 한다. 이에 따라 인증기준 및 공학실무에서 요구하는 역량을 갖춘 졸업생들을 배출시킬 수 있음이 입증된다면, 교육기관이 수립한 교육체계를 적극 수용하여 평가한다.

④ 인증평가는 정량적 요소뿐만 아니라 정성적 요소들도 충분히 반영할 수 있도록 한다. 이러한 점은 교육기관 방문평가 시 검토되어야 한다.

제 8 조(인증 프로그램의 명칭) 공인원에 의하여 인증된 공학교육 프로그램은 그 명칭에 공학교육 프로그램의 내용을 적절히 나타낼 수 있도록 하고, 졸업생들의 학적 기록에 명시되도록 한다. 본질적으로 같은 공학교육 프로그램은 동일한 명칭을 사용하도록 하고, 가급적 유사 공학교육 프로그램 명칭이 필요 이상으로 남발되지 않도록 한다. 또한 인증 제도를 운영하는 프로그램과 인증 제도를 운영하지 않는 프로그램을 명확히 식별 할 수 있는 프로그램 명칭을 사용하도록 한다.

제 4 장 인증절차 및 판정

제 9 조(인증절차) 공학교육 프로그램에 대한 인증평가 업무의 수행을 위하여 공인원 및 교육기관에서 각기 처리해야 할 인증절차에 관한 사항은 별도로 정한다.

제 10 조(인증판정) 인증판정은 '인증(차기정기평가)', '인증(중간보고)', '인증(중간방문)' , '인증(사유제시)', '인증(중간보고필)', '인증(중간방문필)', '인증(사유제시필)' , '인증(중간방문차기정기평가)', '인증(사유제시차기정기평가)', '인증불가', 등으로 구분한다.

① '인증(차기정기평가)' : 인증하며, 인증은 6년 후 차기정기평가 시까지 유효하다.

② '인증(중간보고)' : 3년간 인증하고, 유효기간 이내에 인증연장 또는 방문평가를 위한 보고서를 제출하고 서면평가를 받아야 한다.

③ '인증(중간방문)' : 3년간 인증하고, 유효기간 이내에 지적된 사항들이 만족스럽게 개선되었음을 입증하기 위하여 집중적인 방문평가를 받아야 한다.

④ '인증(사유제시)' : 1~3년간 인증하고, 유효기간 이내에 집중적인 방문평가를 받아야 하며, 인증평가 시 지적된 사항들이 만족스럽게 개선되었음을 입증하지 못하면 인증을 취소한다.

⑤ '인증(중간보고필)' : '인증(중간보고)'를 받은 교육기관에 해당하며, '인증(중간보고)' 시에 지적 된 사항들이 만족스럽게 개선되었을 경우 차기정기평가 시까지 인증한다.

⑥ '인증(중간방문필)' : '인증(중간방문)'을 받은 교육기관에 해당하며, '인증(중간방문)' 시에 지적된 사항들이 만족스럽게 개선되었을 경우 차기정기평가 시까지 인증한다.

⑦ '인증(사유제시필)' : '인증(사유제시)'를 받은 교육기관에 해당하며, '인증(사유제시)' 시에 지적된 사항들이 만족스럽게 개선되었을 경우 1년에서 5년까지 인증을 연장한다.

⑧ '인증불가' : 인증하지 아니한다.

⑨ 위 인증 유효기간에도 불구하고 피 평가 대학의 전체적인 인증 일정 조정 등을 위해서 유효기간을 조정할 수 있다.

제 11 조(인증신청철회) 신규로 인증평가를 받은 공학교육 프로그램이 '인증불가'의 판정을 받은 경우, 해당 교육기관은 '인증신청철회'를 선택할 수 있다. '인증신청철회'를 선택한 경우 평가에 관한 모든 기록은 소멸된다.

제 5 장 인증결과 관리

제 12 조(인증의 유효기간) 공학교육 인증의 유효기간은 인증판정이 이루어진 차년도의 3월1일부터 제 10조의 각 인증판정별로 해당하는 연도의 2월 28일까지로 한다. 단, 신규로 신청하는 대학에서는 인증 평가 대상이 된 졸업생이 모두 인증 요건에 맞추어진 교육과정에 따라서 교육을 받고, 학습성과 달성도를 충족시킨 것을 증명하게 되면 유효기간을 해당졸업생이 졸업한 해의 1월 1일부터 각 인증 판정별로 해당하는 연도의 2월 28일까지로 한다.

제 13 조(인증포기) 공인원은 아래의 경우 공학교육 프로그램에 '인증포기'를 통보하며, 결정통보와 함께 인증은 중지된다. 인증포기는 '항소'할 수 없다.

① 인증 중인 교육 프로그램이 인증포기를 절차에 따라 통보한 경우

② 인증 프로그램이 인증평가를 위한 자체평가보고서를 제출하지 않은 경우

③ 교육기관이 방문평가를 준비하지 않은 경우

④ 기타 교육기관이 인증포기 의사를 통보한 경우

제 14 조(인증의 취소) 공인원은 인증 유효기간 동안 프로그램이 지속적으로 인증기준 이상의 수준을 유지하고 있는지 감독할 수 있다. 만약 인증 프로그램이 공인원의 기준에 부합하지 않으면 해당 교육기관에게 이를 통보한다. 만약, 이에 대해 교육기관이 적절하게 시정 조치를 취하지 않으면 공인원은 그 인증을 취소하고 취소사유를 교육기관에 통보한다. 필요 시 인증취소 이전에 사실 확인을 위하여 방문평가를 실시할 수 있다. '인증취소'는 인증취소 결정과 동시에 발효된다. 다만 '인증취소'는 '인증불가' 판정과 같은 효력을 가지므로 항소가 가능하며, 항소 절차가 끝날 때까지 인증은 유효하다.

제 6 장 인증정보의 활용

제 15 조(인증정보의 사용)

① 평가단의 평가결과 및 관련 문서 내용은 해당 교육기관과 공인원의 인증사업 관련 부서에서 검토할 수 있다.

② 공인원은 인증 프로그램 목록을 공인원 회원과 일반인에게 공개한다. 인증 프로그

램 목록에 없는 교육기관이나 프로그램에 대한 인증 중단 여부 및 인증 평가 여부는 해당 교육기관의 담당자 이외에는 알려지지 않도록 한다.

③ 공인원의 인증을 받기 위하여 교육기관이 제출한 정보는 대외비로 취급하고, 교육기관 당국의 특별한 서면 승인 없이는 공개하지 아니한다.

제 16 조(교육기관의 인증정보 활용)

① 교육기관은 인증 유효기간을 밝히거나 암시해서는 아니된다. 인증 판정에 대한 공개적인 발표에는 인증 프로그램의 명칭만 언급하여야 한다.

② 교육기관은 공인원이 발표한 논평서 내용을 직접 인용해서는 아니된다. 공인원과 교육기관 간에 교환된 모든 문서와 기록물은 대외비로 취급하고 해당 교육기관의 담당자에게만 전달되도록 하여야 한다.

③ 교육기관은 일부 공학교육 프로그램이 인증 받은 것을 모든 프로그램이 인증 받은 것처럼 암시해서는 아니된다. 학사행정단위에 복수의 프로그램이 운영되는 경우, 학사행정단위의 일부 프로그램이 인증받은 것을 전체가 인증받은 것처럼 암시해서는 아니된다.

④ 교육기관은 공학교육 프로그램이 공인원의 인증기준에 부합하도록 마련되었음을 주지시킬 수 있도록 학생이나 일반에게 공학교육 프로그램에 대한 정보를 충분히 알려야 한다.

⑤ 교육기관은 안내책자, 홈페이지 등을 통해 공인원에 의해 인증받은 프로그램이 다른 프로그램과는 구별되도록 명백히 밝혀야 한다. 그러나 몇몇 프로그램이 인증받은 것을 이용하여 모든 교육 프로그램이 인증받은 것처럼 암시해서는 아니된다. 인증받은 공학교육 프로그램들은 "(사)한국공학교육인증원에 의하여 인증"된 사실을 밝혀야 한다.

부 칙

제 1 조 이 인증규정은 1999년 8월 일부터 시행한다.

제 2 조 이 개정 인증규정은 2004년 12월 7일부터 시행한다.

제 3 조 이 개정 인증규정은 2006년 1월 20일부터 시행한다.

제 4 조 이 개정 인증규정은 2009년 11월 20일부터 시행한다.

제 5 조 이 개정 인증규정은 2012년 1월 1일부터 시행한다.

1.5 공학교육인증 평가 절차

인증평가는 인증평가년도 전년도에 있는 인증설명회로부터 시작되며, 인증설명회 이후 인증평가 신청을 받아 대상 교육기관을 선정한다. 인증평가절차는 매년 다소간의 차이는 있으나 아래와 같은 절차를 거쳐 실행되고 있다. 세부 평가과정은 다음과 같다.

1) 인증평가 신청 및 선정

인증평가 신청 및 선정 과정은 매년 차년도 인증설명회가 개최된 이후 시작된다. 인증설명회 이후 차년도 인증평가신청을 전국의 공과대학 및 전문대학에 안내하고, 인증평가 신청 기간 동안 신규 또는 중간방문 예정 대학들이 인증평가신청을 하도록 한다. 인증평가신청이 완료되면 신규인증평가신청의 경우 다음의 선정기준에 의해 차년도 인증평가대상 대학으로 선정되며, 이를 해당 대학에 공문을 통해 공지한다.

- o 소속한 대학의 모든 프로그램이 인증평가를 신청한 경우
- o 절대적으로 다수의 프로그램이 인증평가를 신청한 경우
- o 공학교육인증제도를 적용한 학년이 고학년인 경우(한시적으로 적용)
- o 공학기술교육인증제도를 적용하는 학위과정의 최고학년이 높은 경우(공학기술교육인증에 한해 한시적 적용)
- o 지역적으로 인증을 받은 대학이 없거나 적은 지역에서 신청한 경우(한시적으로 적용)
- o 기타 공인원의 정책적인 판단에 의해 우선적으로 고려할 필요성이 있는 경우

2) 인증 평가단 구성

공인원은 교육기관의 인증신청을 받으면 소정의 선정기준에 따라 당해년도 평가대상을 선정하고 이에 맞춰 평가단을 구성한다. 평가단은 단장 1인과 평가위원들로 구성되며, 평가위원은 프로그램 당 1~2인으로, 공인원 소정의 교육을 이수한 평가자 가운데서 공인원 내부 규정에 따라 위촉한다. 공인원은 평가위원 위촉에 앞서 각 프로그램별 평가위원

후보명단(소요 평가위원 수의 3배수 정도로 구성)을 교육기관으로 송부하며, 교육기관은 해당 프로그램 인증평가에 부적합하다고 생각되는 평가위원 후보자가 있는 경우에는 해당 평가위원 후보자에 대하여 사유를 명시하여 제척할 수 있다. 공인원은 제척 사유가 정당하다고 인정될 때에는 제척 해당자를 후보명단에서 제외하여 평가위원 후보명단을 확정하고, 확정된 후보자들 가운데서 평가위원을 선정한다. 평가단은 최종 인증판정이 내려짐과 동시에 해체된다.

3) 자체평가보고서 제출

공인원은 교육기관과 교육 프로그램(학위과정)이 준비하여 보고하여야 할 사항들에 대한 목록과 필요한 서식을 제공한다. 교육기관과 프로그램(학위과정)의 교육을 담당하는 교수들은 인증 평가에 앞서 공인원에서 요구하는 항목과 평가방법에 따라서 자체적으로 평가한 후 자체평가보고서를 제출한다. 자체평가보고서에서 고려하여야 할 사항들에는 공인원에서 구체적으로 요구하는 사항들과 교육기관 및 프로그램(학위과정)이 자체적으로 기술하거나 편집한 내용들이 포함된다. 평가단은 교육기관의 자체평가보고서를 검토하고 이에 대한 의견을 교육기관에 제시하고 현지방문 평가시 설명할 수 있도록 요청한다.

4) 서면평가

공인원은 교육기관과 프로그램(학위과정)이 제출한 자체평가보고서를 평가하는 기준을 설정하고 평가단은 이를 바탕으로 자체평가보고서를 평가한다. 평가단은 평가항목에 대한 평가결과를 평가근거와 함께 문서로 제시하여야 한다. 또한 제시된 자료가 미흡한 경우에는 이를 보완하도록 서면으로 요청할 수 있다. 보완결과는 서면으로 제시할 수 있으며, 서면 제시가 어려운 경우에는 평가단의 방문평가 시 현장에서 제시할 수도 있다.

5) 방문평가

방문평가는 서류 점검, 면담 등을 통해 대학의 자체평가보서를 통한 서면평가에 있어 불확실한 사항에 대해 점검하는 인증평가 절차 중 핵심이 되는 과정이다. 방문평가에서는 자체평가보고서에 적절하게 설명하기 어려운 요소들(즉, 교육환경, 교수진과 학생들의 사기, 교수진과 학생들의 안정성과 계속성, 직원 및 학생단체의 수준, 교육성과 등)과 질적 요소들을 평가의 주요 대상으로 삼는다. 또한 교육기관의 약점 파악보다 장점 평가에 주안점을 두고, 자체평가보고서에 기술된 내용과 합치되는지에 대하여 상세히 조사한다. 2박 3일의 기간 동안 진행되는 방문평가는 평가기준 8가지(KEC2005 기준) 중 특히 기준 2의 프로그램 학습 성과 및 평가에 대한 대학 자체의 평가 도구와 자율 순환적 평가 시스템의 구축여부 등에 대해서 집중적으로 평가하게 된다. 구체적인 방문평가 절차는 아래와 같다.

방문 0 일: 정오경에 숙소에 도착하여 평가단장의 주재로 평가단 회의를 개최하고, 방문평가에 대한 준비사항을 점검한다. 이후 평가단은 교육기관을 방문하여 평가 준비상태를 점검하고 관련 서류를 열람할 수 있으며, 평가단과 교육기관은 평가에 필요한 의견 교환을 위한 회의를 가질 수 있다. 방문 0일 평가 종료 후에 '방문 0일' 평가를 완성하여 평가단장에게 제출한다. 평가단장은 필요시 저녁시간에 평가단 회의를 소집하여 방문 1일 평가에 대비한 프로그램(학위과정)별 의견조율을 가질 수 있다.

방문 1 일: 교육기관을 방문하여 실질적인 현지 평가를 실시한다. 평가단장은 교육기관장과 학장을 방문하여 공학교육인증에 대한 지원의지와 의견을 청취한다. 평가단은 프로그램(학위과정) 교육목표와 프로그램 학습성과(졸업생 역량)를 달성할 수 있도록 교육이 시행되고 있는지를 평가하기 위해 교육현장과 교육 지원시설을 확인한다. 평가단장은 필요 시 저녁시간에 평가단 회의를 소집하여 방문 2일 평가에 대비한 프로그램(학위과정)별 의견조율을 가질 수 있다.

방문 2 일: 오전에는 방문 1일에 현지에서 살펴본 내용 중 불충분한 부분에 대한 재

확인을 하거나 미처 수행하지 못한 내용을 살펴보는 시간을 갖는다. 평가단은 조찬이 끝나고 나서 방문 2일이 수행할 업무에 대한 분담을 확인을 하고 평가를 시작하며, 실질적인 평가는 오전 중에 종료한다. 마무리 면담시에 낭독할 "프로그램(학위과정) 마무리 논평서"(평가단장은 "교육기관에 대한 논평서")를 작성하여야 한다. 작성한 서류 가운데서 "프로그램(학위과정) 부족사항 설명서"는 교육기관에 남기는 것(교육기관에서 7일대응서를 작성하기 위한 기초자료가 됨)으로 공인원 평가의 첫번째 공식적인 서류가 된다. 방문 2일 오후에 평가단과 교육기관 관계자들이 마무리 면담 회의를 갖는 것으로 방문평가가 종료된다.

6) 7일대응서 제출

교육기관 및 프로그램(학위과정)은 방문평가의 마무리면담 시에 평가단으로부터 접수한 “프로그램(학위과정) 부족사항 설명서”에 지적된 내용에 이의가 있는 경우 방문평가 종료 후 7일 이내에 공인원 사무처로 제출되어야 한다. 공인원 사무처는 접수한 7일대응서의 사본을 인증사업단장, 해당 평가단장 및 평가위원에게 전달한다.

7) 예비논평서의 완성 및 발송

평가단장은 프로그램(학위과정)별 7일대응서 검토의견서와 조율위원회 결과를 기초로 교육기관 전체에 대한 예비논평서(초안)를 완성하고 이를 공인원 인증사업단장에게 제출한다. 인증사업단장은 제출된 모든 자료를 종합적으로 검토하고 해당 평가단의 의견수렴을 거쳐 예비판정을 확정하고, 예비논평서를 편집, 제본하여 교육기관으로 발송한다.

8) 논평대응서(30일대응서)의 제출

교육기관 및 프로그램(학위과정)은 공인원으로부터 접수한 예비논평서에 지적된 내용 및 평가결과에 이의가 있는 경우 이를 소명하는 논평대응서를 공인원 사무처로 제출한다. 논평대응서는 예비논평서 접수 후 30일 이내에 공인원 사무처로 제출하여야 한다.

공인원 사무처는 접수한 논평대응서의 사본을 인증사업단장, 해당 평가단장 및 평가위원에게 전달한다.

9) 인증평가(전공분야별, 대학별, 연도별) 조율위원회 개최

공인원의 인증평가는 이전의 교육기관 평가들과 달리 대부분의 평가항목이 정성적 평가로 되어있기 때문에 평가자의 주관에 따라 평가결과가 다르게 나타날 수 있다. 따라서 평가자에 관계없이 동일한 사항에 대하여 동일한 평가가 도출 될 수 있도록 하는 평가의 일관성을 유지하기 위한 시스템 구축은 인증평가의 필수 요소이다. 이 같은 목적을 위해 공인원은 전공분야별, 대학별, 연도별 조율위원회를 두고 프로그램(학위과정) 평가자가 내린 인증평가결과를 조율하였다. 전공분야별 조율위원회는 교육기관의 7일 대응서가 제출된 이후에 개최하며, 예비논평서(초안)의 평가결과에 대한 유사 학문 분야 프로그램(학위과정) 간 평가의 일관성을 조율한다. 또한 대학별, 연도별 조율위원회는 교육기관의 논평 대응서가 제출된 후 이를 토대로 평가단장이 교육기관 인증평가 최종논평서의 초안을 작성하여 인증사업단장에게 제출하면 인증사업단장은 대학별, 연도별 조율위원회를 개최하여 최종논평서 초안의 평가결과에 대한 대학별, 연도별 일관성을 조율한다.

10) 인증판정의 확정 및 결과 통보

평가단장은 대학별, 연도별 조율위원회 결과를 반영하여 최종논평서 초안을 수정하고 이를 인증사업단장에게 제출한다. 인증사업단장은 작성된 최종논평서 초안을 종합적으로 검토하여 인증판정(안)을 마련하고 이를 공학인증평의회(EAC), 컴퓨터·정보기술인증평의회(CAC) 및 공학기술교육인증평의회(ETAC)에 상정하며, 각 평의회는 인증판정을 최종 확정한다. 인증판정이 확정된 후에 그 결과를 공인원 이사회에 보고하고, 최종논평서와 인증서를 교육기관으로 발송함으로써 인증 결과를 통보한다.

2. OO공학 프로그램 교육과정 운영내규

제1장 총 칙

제 1 조(교육과정 및 운영) 이 규정은 계명대학교(이하 "우리 대학교"라 한다) 학칙 제30조 7호, 8호 및 학칙시행세칙 제69조 ③항에 의거하여 규정한 「공과대학공학교육인증제및졸업기준에관한규정(3-3-17-187)」을 따른다.

제 2 조(목적) 이 내규는 화학공학 전공의 교육과정 운영 및 관련된 조직 편성에 관한 세부사항을 규정함을 목적으로 한다.

제 3 조(조직)

① 교육과정의 운영을 위하여 다음과 같은 위원회로 구성된 프로그램 위원회를 둔다.

1. 프로그램위원회
2. 외부자문위원회

② 위원회의 운영에 관한 세부사항은 "프로그램위원회 운영규정"에서 따로 정한다.

제 4 조(인증조건) 졸업시 인증을 받기위해서는 심화프로그램을 이수하여야 하며 심화프로그램을 포함하여 일반프로그램의 세부 이수 요건은 "화학공학 심화프로그램 이수 요건"에서 따로 정한다.

제 5 조(학생지도)

① (지도교수 배정) 학과장이 프로그램위원회에서 결정한 방법대로 행하며, 배정 시기는 2, 3, 4학년 전입생의 경우에는 전입 직후, 신입생의 경우는 입학 직후로 한다.

② (상담지도) 지도교수는 지도학생들의 일반신상, 수강신청 및 학점관리, 진로 및 취업활동, 장학 등을 상담하고 지도한다.

③ (수강지도) 지도교수는 매 학기 수강 신청 전에 1회 이상의 수강지도를 하도록 하며, 매 학기 최소 1회 이상 지도 학생을 면담하고 상담결과를 전산시스템 상에 기록 보관한다.

④ (관찰지도) 지도교수는 매학기 중에 1회 이상 지도 학생을 관찰하고 관찰 결과를 학생 포트폴리오에 보관한다.

⑤ (동아리지도) 학생동아리 활동의 지도교수는 학과장(PD)를 당연직으로 하고, 그 외는 학과교수회에서 정한다.

제 6 조(전입생 전형) 화학공학과의 편입학 학생 모집 전형 관련 규정은 계명대학교의 학칙에 준한다.

제 7 조(전입생 취득학점 인정 절차) 화학공학심화프로그램 교육과정 이수를 신청한 전입생에 대한 취득학점 인정 절차는 다음 각 항과 같다.

① 공학교육과정 이수 변경 및 인정학점 신청에 대해 화학공학프로그램 운영위원회에서 다음 기준에 따라 인정 범위를 심의하며 그 결과를 공학교육센터에 제출한다.

1. 공학교육을 실시하고 있는 전적대학으로부터 전입한 학생에 대해 해당 전공(학과)의 동일과목 또는 대체과목으로 인정할 수 있다.
2. 공학교육 인증을 실시하지 않는 전적대학으로부터 전입한 학생에 대해서는 공학소양 및 MSC 과목에 한해 인정할 수 있다.

② 공학교육센터에 제출된 교양 및 공학기초 인정학점 범위를 심의하여 공학교육센터소장의 승인을 받으며, 공학교육센터소장은 그 결과를 해당 프로그램 위원회에 통보한다.

③ 해당 프로그램위원회에서는 공학교육센터소장으로부터 통보된 결과를 신청학생과의 면담을 통하여 최종 통지한다.

제 8 조(복학생의 학점 인정 절차) 화학공학심화프로그램 교육과정을 신청한 복학생의 공학교육인증 학점 인증 절차는 이 내규 7조의 전입생에 대한 규정에 준하고 학점인정도 화학공학 프로그램위원회에서 정한 학점 인정 기준을 따른다.

제 9 조(인턴쉽 학점 인정 절차) 인턴십 교과목은 계명대학교 인턴십과목 운영 내규에 따라 진행하며, 심화프로그램 이수학생은 별도로 설계학점을 평가한다. 프로그램 운영위원회에서 인턴십 수행 결과보고서의 업무일지, 주간보고서, 인터뷰 등을 통하여 인턴쉽 업무내용의 설계 비중을 [별표 5]의 인턴십 설계업무 평가표에 따라 평가하고, 이를 기초로 설계학점을 인정한다.

제 10 조(보칙) 이 내규에서 정하지 않은 사항은 프로그램위원회의 의결에 따른다.

제2장 프로그램 이수요건

제 11 조(졸업의 기준) 화학공학 전공은 "화학공학 일반프로그램"과 "화학공학 심화프로그램"(공학인증프로그램) 교육과정을 운영하며, 각 프로그램의 졸업요건은 「공과대학공학교육인증제및졸업기준에관한규정」을 따른다.

제 12 조(교과목 이수 요건) ① 화학공학 심화프로그램을 이수하기 위해서는 [별표 1]의 교과과정표에 제시된 교과목들을 이수하여야 하며, 기초설계과목은 "창의적공학설계" 또는 "설계입문", 종합설계과목은 "캡스톤디자인"을 반드시 이수하여야 한다.

② 화학공학 심화프로그램의 교과목 이수는 [별표 2]의 이수체계도를 준수하여야 한다.

③ 설계학점은 기초설계 교과목 이수학기에서부터 종합설계 교과목 이수학기까지 취득한 학점만 인정한다.

④ 선수과목 미 이수자가 교과목 담당교수로부터 선수과목에 대한 사전 승인을 받은 자에 한하여 후수과목에 대한 수강 신청을 할 수 있다.

제 13 조(학습성과요건) 학생은 프로그램에서 정한 학습성과를 달성하여야 한다. 학생들이 달성해야하는 학습성과의 최소 수준은 공학교육인증지원시스템의 홈페이지 등을 통해 공지한다. 학습성과와 관련된 구체적인 사항은 제6장 "학습성과"에서 따로 정한다.

제3장 프로그램위원회 운영규정

제 14 조(명칭) 화학공학전공 프로그램위원회 (이하 "위원회")는 공과대학 화학공학 프로그램 내에 둔다.

제 15 조(목적) 위원회는 화학공학 전공 프로그램의 교육목표 및 ABEEK의 공학교육프로그램인증기준에 부합되는 프로그램의 설정, 운영 및 개선을 통하여 학부 학생들에게 양질의 공학교육을 제공함으로써 대학 및 사회가 요구하는 인재양성에 기여함을 그 목적으로 한다.

제 16 조(기능) 위원회는 제15조의 목적을 달성하기 위하여 다음 사항을 심의 연구한다.

① 프로그램의 종합적인 운영에 관한 사항

② 프로그램에 교육목표에 관한 사항

③ 학습성과에 관한 사항

④ 교과과정 제·개정에 관한 사항

⑤ 프로그램 평가에 관한 사항

⑥ 교육시설에 관한 사항

⑦ 프로그램의 자체보고서 작성에 관한 사항

⑧ 기타 프로그램과 관련된 사항

⑨ 졸업예정자의 인증 사정에 관한 사항

제 17 조(구성) 위원회의 구성은 다음과 같다.

① 위원회는 화학공학 전공 교수 전원으로 구성되며 전공 학과장(PD)을 위원장으로 하며 위원장은 간사를 임명하여 운영할 수 있다.

제 18 조(회의) 위원회는 다음과 같이 운영한다.

① 위원회 회의는 학과교수 과반수의 출석으로 개회하고 출석위원 과반수의 찬성으로 의결한다.

② 의장은 표결권을 가지며, 가부 동수일 때는 결정권을 가진다.

③ 회의는 정기적으로 매학기 초와 후에 소집한다. 또한 필요시 위원장이 소집할 수 있다.

제 19 조(기획)

① 프로그램에 대한 장단기 발전계획을 수립하고, 교육 목표 및 학습 성과를 설정한다.

② 정해진 주기에 따라 교육목표와 학습성과를 평가하고 개선방안을 마련한다.

③ 프로그램과 관련된 각종 내규를 재정하고 보완한다.

④ 외부자문위원회를 개최, 운영한다.

⑤ 프로그램의 전반적인 운영상태를 평가하고 개선방안을 마련한다.

⑥ 학생들에게 공학교육 인증제도에 대해 교육하고 홍보한다.

제 20 조(교과과정)

① 프로그램 학습성과가 프로그램의 교육목표 및 사회의 요구에 부합되는지 연구하고 필요시 이를 수정한다. 그리고 이 결과를 프로그램 위원회에 보고하여 반영될 수 있도록 한다.

② 프로그램의 학습성과를 달성할 수 있도록 교과과정을 설계한다. 또한 교과과정에

대한 개선사항이 있을 때 프로그램 위원회에 보고하여 반영될 수 있도록 한다.

③ 매학기 프로그램 교과목의 강의 계획서를 취합, 검토하여 개선 사항이 있을시 해당 교과강사에게 개선의견을 권고한다.

④ 교육의 질을 향상시키기 위하여 현장교육, 초청강연 등을 기획하고 진행한다.

⑤ 종합설계(capstone design)과목을 계획하고 운영한다.

⑥ 교수들의 강의능력 향상을 위해 외부교육, 초청강연 등을 기획하고 진행한다.

제 21 조(교과평가)

① 적절한 평가도구를 사용하여 학생들이 프로그램 학습성과를 어느 정도 달성 했는지를 객관적으로 평가한다.

② 매 학기 강의개선(CQI)보고서를 취합, 검토하여 프로그램의 교육성과를 종합적으로 분석하고 교육방법의 개선안을 도출한다.

③ 학생 포트폴리오, 교과 포트폴리오를 관리한다.

④ 교육환경에 대한 평가 및, 개선에 관한 연구를 수행한다.

⑤ 신입생, 재학생, 졸업예정자, 졸업생, 고용인에 대한 설문을 실시하고, 설문결과에 대한 분석 보고서를 작성하여 프로그램 위원회에 보고한다.

⑥ 학생들의 취업현황을 파악하고 분석한다.

⑦ 학생들이 취득하기를 기대하는 자격증 목록을 관리하고 학생들에게 홍보한다.

⑧ 졸업생에 대한 인증 사정 기간에 인증 작업에 일절 계획을 수립하고 인증결과의 정리, 통보 등 행정업무를 담당한다.

제4장 외부자문위원회 운영규정

제 22 조(명칭) 외부자문위원회(이하 "위원회")는 공과대학 화학공학 프로그램 내에 둔다.

제 23 조(목적) 본 위원회는 화학공학 심화프로그램에 대한 산업체의 의견을 수렴하여 능동적으로 반영하고, 교육목표 및 교육성과의 적정성을 자문 받으며, 산학교류를 통한 현장 중심교육의 증진을 목적으로 한다.

제 24 조(기능) 본 위원회는 제23조의 목적을 달성하기 위하여 다음 사항을 담당한다.

① 프로그램의 교육목표 및 학습성과가 산업체의 요구에 부합 되는지, 검토하고, 필요

시 교과과정 위원회에 자문하여 반영될 수 있도록 한다.

② 종합설계에 대한 평가를 실행하여 산업체에서 요구하는 교육이 반영되어있는 지를 평가하고 이에 대한 자문을 수행한다.

③ 기타 공학 교육에 대한 산업체의 요구를 수렴하고, 이를 프로그램 위원회에 보고하여 반영될 수 있도록 한다.

제 25 조(구성) 본 위원회 구성은 다음과 같으며 프로그램위원회 위원장이 위촉한다.

① 위원회의 위원은 프로그램위원회 위원들과 3인 이상의 관련 산업체등의 외부 주요 인사로 구성한다.

② 위원회의 위원에는 졸업생을 1인 이상을 포함한다.

③ 위원회의 위원장은 위원 중에서 호선하며 프로그램 위원회 위원장이 간사를 맡는다.

④ 위원회의 위원의 임기는 2년으로 하되 연임할 수 있다.

제 26 조(회의) 본 위원회 회의는 정기적으로 매년 1회 소집한다. 또한 필요시 프로그램 위원회 위원장이 소집할 수 있다.

제5장 교육목표(교육품질 개선 운영 지침)

제 27 조(정의)

교육목표(Program education objective)는 본 프로그램에 따른 교육을 받은 학생이 졸업한 뒤 2~3년 내에 달성해야하는 능력과 자질을 말한다. 교육목표는 계명대학교의 교육목표 및 계명대학교 공과대학의 교육목표와 유기적인 연관성을 갖도록 수립되어야 한다.

제 28 조(교육목표의 수립 및 개정)

① 교육목표는 본 프로그램 구성원들의 요구를 적절히 반영하여 수립 및 개정 되어야 한다.

② (구성원) 교육목표의 수립 및 개정에 관계된 구성원은 재학생, 졸업생, 교수진, 고용주(산업체)를 포함하여야 한다.

③ (수립/개정절차) 교육목표의 수립/개정은 다음과 같은 절차로 이루어진다.

1. 프로그램 위원회는 교육목표 개정을 위한 평가 자료를 수집한다. 주요 평가 자료

에는 '교육목표 달성도' 평가자료와 구성원들에 대한 설문조사 자료가 있다.

2. 프로그램 위원회는 평가자료 및 설문조사 결과를 바탕으로 교육목표의 수립/개정안을 작성하여 프로그램 위원회에 제출한다.

3. 프로그램 위원회는 제출된 교육목표의 수립/개정안을 심의, 의결 한다.

4. 교육목표의 수립/개정에 따라 필요시 프로그램학습성과 및 교과과정, 평가규정을 개정한다.

④ (개정주기) 교육목표의 개정주기는 4년으로 한다. 단, 프로그램 위원회의 판단에 따라 그 이전이라도 개정할 수 있다.

제 29 조(교육목표의 달성도 평가)

① (평가대상) 교육목표의 달성 여부를 평가하기 위한 대상은 1차적으로 졸업생과 고용주(산업체)이다.

② (평가도구) 교육목표 달성도 평가를 위한 도구로는 졸업생 설문조사, 고용주 설문조사를 사용할 수 있다.

③ (평가주기) 교육목표 달성도의 평가주기는 4년으로 한다. 단 교육목표 달성도에 대한 측정은 1년 단위로 교육목표 전체에 대해 혹은 부분적으로 시행할 수 있다.

④ (평가기준) 현재 교육목표에 대한 평가기준은 [별표 3]과 같다.

제 30 조(교육목표의 수립 및 개정, 자료보관)

① (자료보관) 교육목표 개정을 위한 평가에 참여한 자는 평가 후 모든 관련 자료를 프로그램위원장에게 인계하며, 프로그램위원회 위원장은 이를 정하여진 장소에 보관 및 관리한다.

제6장 학습성과(교육품질 개선 운영 지침)

제 31 조(정의) 이 장에서는 프로그램의 학습성과를 체계적으로 분석하고 평가하기 위한 시스템을 규정한다.

제 32 조(학습성과의 설정 및 개정)

① 학습성과는 공학교육인증제에서 요구하는 모든 학습성과를 포함하여야 하며, 프로그램위원회의 의결에 의해 새로운 학습성과를 추가할 수 있다.

② (제정/절차) 학습성과 및 수행준거의 개정은 다음과 같은 절차로 이루어진다.

1. 프로그램위원회는 매 학년말에 졸업예정자를 대상으로 학습성과를 평가한다. 평가 대상 졸업예정자는 졸업예정자 전체 혹은 졸업예정자 중에서 교과 성적을 반영한 표본집단을 추출하여 선발한다.

2. 프로그램위원회는 졸업예정자 학습성과 평가결과를 프로그램 CQI에 반영하며, 이에 근거하여 매 4년, 학년말에 프로그램 학습성과 및 수행준거의 제정/개정안을 심의, 의결한다.

3. 프로그램위원회는 학습성과 및 수행준거의 제정/개정 시 산학자문위원회의 의견을 반영한다.

③ (개정주기) 학습성과 및 수행준거의 개정주기는 4년을 원칙으로 하며, 프로그램운영위원회의 판단에 따라 그 이전에라도 개정할 수 있다.

제 33 조(학습성과의 성취도 평가)

① (평가 소위원회 구성) 학습성과 성취도 평가를 위하여 PD는 학습성과 평가 소위원회를 다음과 같이 구성한다.

1. 소위원회는 경영공학설계 및 IT의료기기캡스톤디자인 교과목 담당교수를 포함한 3인의 교수로 한다.

2. 교과목 담당자 이외의 교수는 PD가 임명한다.

② (평가 소위원회 역할) 평가 소위원회의 역할은 다음과 같다.

1. 졸업예정자 대상 학습성과 평가를 위한 자료 수집

2. 졸업시험, Exit Interview 및 학생포트폴리오 평가 문항 출제

3. [별표 4]의 〈표 4.1〉 - 〈표 4.4〉의 서식을 이용하여 수집된 자료의 평가

4. 평가된 자료를 바탕으로 학습성과 달성 여부 판단

5. 개별 학생의 졸업 인정 여부 판단 및 학습성과 달성을 위한 학습성과 평가 도구 및 교육 프로그램 개선 사항 도출

6. 이상의 평가 결과를 프로그램위원화로 송부한다.

③ (평가 대상) 학습성과를 평가하기 위한 대상은 본 프로그램에 의한 교육을 받은 졸업예정자이다.

④ (평가도구) 학습성과 평가도구는 캡스톤디자인, Exit Interview, 졸업시험, 학생포트

폴리오(Essay, 어학능력, 자격증, 동아리, 봉사활동)이다. 단, 자격증, 동아리, 봉사활동은 참고자료로만 활용한다. 각 평가도구별 평가서식은 [별표 4]의 〈표 4.1〉 ~ 〈표 4.4〉 와 같다.

⑤ (평가기준) 학생별 학습성과 평가기준은 [별표 4]의 〈표 4.5〉와 같다. 모든 학습성과의 평가도구에서 성취수준은 '상', '중', '하', 'F'로 구분되며, '하' 수준 이상은 'Pass', '하' 수준 미만은 'Failure'로 평가한다.

⑥ (졸업요건) 본 프로그램을 이수한 학생은 프로그램에서 설정한 [별표 4]의 〈표 4.5〉에서 규정된 학습성과를 졸업 시점에 달성해야 한다. 이를 위하여 졸업예정자는 [별표 4]의 〈표 4.6〉에 제시된 학습성과별 졸업 최소요건을 만족해야 졸업사정을 통과할 수 있다.

⑦ (평가주기) 학습성과 성취도 평가는 매학년 말에 실시한다.

⑧ (평가주체) 프로그램위원회는 졸업예정자에 대한 학습성과 성취도 최종 평가 및 졸업요건 만족 여부를 심의하고 개선 사항을 도출하며, 그 결과를 공과대학에 통보한다.

⑨ (평가 절차) 학습성과 성취도 최종 평가 및 졸업 만족 여부는 다음 절차로 시행된다.

1. 평가소위원회는 졸업예정자를 대상으로 학습성과 평가에 필요한 자료를 수집한다.
2. 평가소위원회는 [별표 4]의 〈표 4.1〉 - 〈표 4.4〉의 서식을 이용하여 수집된 자료를 평가하고, 평가 결과를 프로그램위원화로 송부한다.
3. 프로그램위원회는 성취도 최종 평가 및 졸업 요건 만족 여부를 심의하고, 학습성과 달성을 위한 개선 사항을 도출한다.
4. 프로그램위원회는 졸업예정자에 대한 졸업 요건 만족 여부를 공과대학에 통보하고, 도출된 개선 사항을 교과목 교육 과정 개선 및 다음 주기 학습성과 개선에 활용할 수 있도록 회의록을 남긴다.

⑪ (평가 결과의 활용) - 학습성과 성취도 평가 결과는 프로그램 교육과정의 개선, 프로그램 학습성과 및 수행준거의 제정/개정에 사용된다.

⑫ (평가 자료의 보관) 학습성과에 평가에 참여한 자는 평가 후 모든 관련 자료를 프로그램위원회 위원장에게 인계하며, 프로그램위원회 위원장은 이를 정하여진 장소에 보관?관리한다.

제7장 교육과정(교육품질 개선 운영 지침)

제 34 조(정의) 본 프로그램의 교육과정은 전통적인 교과과정과 상담, 인턴쉽과 같은 비교과 과정으로 구성된다.

제 35 조(교과과정의 편성)

① 교과과정의 영역구분은 다음과 같다.

1. 전문교양
2. MSC(수학, 기초과학, 전산학)
3. 전공

② (운영규정) 교과목의 운영은 공과대학의 「공과대학공학교육인증제및졸업기준에관한 규정」을 따른다.

③ (개편절차)

1. 교육목표 및 학습성과의 개정 또는 기타의 이유로 개정 사유 발생시 프로그램 위원회에서 개편안을 작성, 검토한다.
2. 프로그램 위원회에서 개편안을 심의 및 의결함으로서 개편이 결정된다.
3. 개편된 교육과정표 및 교과목 개설 신청서, 교과목 이수 체계도를 작성하여 소속 교수전원의 날인 후 공과대학 학사행정실에 제출한다.

④ (개편주기) 대학의 교과과정 개편 주기에 맞추어 4년을 개편주기로 하되 프로그램 위원회의 판단에 따라 그 이전에도 시행 할 수 있다.

제 36 조(비교과과정의 편성)

① 비교과과정은 프로그램 학습성과의 달성에 도움이 되는 교육활동을 말하며 다음과 같은 것들이 포함될 수 있다.

1. MT
2. 학술제(교내경진대회)
3. 동아리/학회활동
4. 전공관련 자격증취득
5. 공인 외국어시험 응시
6. 외부 경진대회

7. 해외 어학연수
8. 인턴쉽
9. 연구 프로젝트
10. 상담
11. (산업체 전문가)특강
12. 멘토링

② 비교과 활동에 대한 학습성과 기여도 점수는 프로그램위원회에서 정한다.

제 37 조(교육과정 평가)

① 강의를 담당하는 교수는 강의계획서에 교과목 교육목표, 실행방안, 평가방법 등을 제시하고 강의 종료 후 강의개선 보고서를 통하여 교과목의 운영을 평가한다.

② 프로그램 위원회는 교과과정 운영평가, 학습성과 평가, 교육 평가 등의 결과로 부터 교과과정에 대한 개선안 또는 개편안을 발의한다.

제8장 학생(교육품질 개선 운영 지침)

제 38 조(개요) 학생은 교육목표에 부합되도록 상담, 관찰, 지도되어야 하며 교수진과 상호 교류할 수 있는 기회를 통하여 학업과 진로에 대해 시기 적절한 지도와 조언을 받을 수 있어야한다.

제 39 조(상담)

① (상담학생의 배정) 전공 소속 학생들에게 지도교수를 배정하며, 특별한 사유가 없는 한 재학기간동안 지도교수를 바꾸지 않는다.

② (수강지도 상담) 학생들이 전산시스템에 수강계획을 입력하면 상담지도 교수는 수강계획내용을 검토하여 학생이 정상적으로 교과과정을 이수할 수 있도록 지도하여야 한다.

③ (학기중 상담) 학생들은 중간고사 직후부터 기말고사 이전까지의 기간 동안 상담을 받아야한다. 학기중 상담은 학생 포트폴리오의 점검에 중점을 두고 대학생활 전반에 관해 지도한다.

④ (프로그램 발전에 활용) 프로그램 위원회는 상담내용을 분석하여 프로그램 운영 및

발전을 위한 개선책을 제시한다.

제 40 조 (관찰)

① (관찰의 주체) 학생 관찰을 위한 주체는 교수진이다.

② (관찰의 대상, 내용, 주기) 관찰의 대상, 내용, 주기는 다음 표와 같다.

관찰의 대상	관찰 내용	관찰 도구	주기
전체학생	*동아리활동 *자격증취득 *어학성적 *교과목학습성과 달성도 *인증 프로그램포기사유	학생포트폴리오 전산시스템	학기
편입생	*전적대학의 전공 *성적추이	학생포트폴리오 전산시스템	학기
성적상위10%학생		학생포트폴리오 전산시스템	학기
성적하위10%학생	*성적저조과목	학생포트폴리오 전산시스템	학기

③ (프로그램 발전에 활용) 프로그램 위원회는 관찰 내용을 분석하여 프로그램 운영 및 발전을 위한 개선책을 제시한다.

제 41 조(평가)

① (평가대상 구분) 학생평가는 단계별로 이루어져야 하며, 다음 표와 같이 신입생, 재학생, 졸업예정자로 구분하여 실시한다.

② (평가항목) 신입생 평가항목은 학업이수능력, 졸업후 진로 등으로, 재학생 평가항목은 학업이수능력, 졸업후 진로 등으로, 졸업예정자 평가항목은 학업성취도로 평가를 실시한다.

③ (시행주체) 신입생 평가는 대학본부와 공과대학이, 재학생 및 졸업예정자 평가는 프로그램위원회에서 시행한다.

④ (시기) 학생 평가는 다음 표에 나타낸 평가 시기에 실시한다.

⑤ (절차) 대학본부와 공과대학에서 실시하는 평가는 해당 평가주체에서 실시하는 평가 절차를 따르며, 본 프로그램 위원회에서 실시하는 평가는 아래와 같은 절차로 이루어진다.

- 프로그램 위원회에서 설문조사 문항들을 결정한다. 프로그램 위원회에서 설문조사를 실시하고 그 결과를 분석한다.
- 프로그램 위원회에서 재학생을 대상으로 무작위 표본집단을 추출하여 교과목 이수체계 준수율을 조사, 분석한다.
- 프로그램 위원회에서 졸업예정자를 대상으로 학습성과 달성도를 조사, 분석한다.
- 위에서 수행된 설문조사, 교과목 이수체계 준수율 조사, 학습성과 달성도 조사 결과들을 프로그램 위원회에서 분석하고, 그 결과로부터 프로그램 개선 방안을 도출한다.

구분	평가항목	평가도구	평가주체	평가시기	프로그램개선 방안
신입생	남녀비율 졸업후 진로	설문조사	대학본부	매년 2월	학생상담에 활용.
	학업이수 능력	기초학력평가	공과대학	매년 2월	기초학력반 편성. (2010학년도부터 실시)
재학생 (1,2,3학년)	졸업후 진로	설문조사 학생포트폴리오	프로그램 위원회	매년 11월	상담 등 학생지도에 활용.
	학업이수 능력	교과목이수체계 준수율	프로그램 위원회	매년 12월	후수과목의 강의내용 및 수준 조정. 교과과정 개선. 비교과과정 개선.
졸업예정자 (4학년)	학업성취도	학습성과 달성도	프로그램 위원회	매년 12월	교과과정 개선. 비교과과정 개선.

부 칙

제 1 조(경과조치) 이 내규의 시행이전에 시행한 사항은 이 내규에 의한 것으로 본다.

제 2 조(시행일) 이 내규는 2009년 9월 1일부터 시행한다.

제 3 조(시행일) 이 내규는 2011년 12월 1일부터 시행한다.

제 4 조(경과조치) 이 내규의 제2장 제12조는 2013년 2월 졸업생부터 적용하기로 한다.

[별표 1] 화학공학프로그램 교과과정표 A(2011년 이전)

〈표 I-1〉 기본 교과과정표1

교과영역		교과목명	개설 학년-학기[2]	학교 이수 구분[3]	인증 이수 구분[3]	주관 학사행정 단위[4]	인증 기준[5]	졸업 학점[5]	학점구성[6]					시수[7]	비고
									소계	이론	설계	실험	실습		
전문 교양		공학윤리	1-1,2	전선	인필	공과대학			3	3			0	3	
		과학과기술의역사	1-1,2	전선	인필	공과대학			3	3			0	3	
		공학영어	2-1,2	전선	인필	공과대학			3	3			0	3	
		기술보고서작성법	2-1,2	전선	인필	공과대학			3	3			0	3	
		기술과의사소통	3-1	전선	인선	공과대학			3	3			0	3	
		인터넷사회와윤리	3-1	전선	인선	공과대학			3	3			0	3	
		공간과생활	3-1	전선	인선	공과대학			3	3			0	3	
		경제성공학	3-1,2	전선	인선	공과대학			3	3			0	3	
		기술과사회	3-2	전선	인선	공과대학			3	3			0	3	
		전문교양 소계(a)					18	18	33	33			0	33	
MSC	수학(M)	미분적분학	1-1,2	전선	인필	공과대학			3	3		0	0	3	
		확률및통계	1-1,2	전선	인필	공과대학			3	3		0	0	3	
		미분방정식	2-1,2	전선	인필	공과대학			3	3		0	0	3	
		수치해석	2-1,2	전선	인선	공과대학			3	3		0	0	3	
		선형대수학	2-1,2	전선	인선	공과대학			3	3		0	0	3	
		해석기하학	2-1,2	전선	인선	공과대학			3	3		0	0	3	
		이산수학(1)	2-1	전선	인선	공과대학			3	3		0	0	3	
		이산수학(2)	2-2	전선	인선	공과대학			3	3		0	0	3	
	기초과학(S)	일반물리학(1)및실험	1-1	전선	인선	공과대학			3	1		2	0	4	
		일반화학(1)및실험	1-1,2	전선	인필	공과대학			3	1		2	0	4	
		일반물리학(2)및실험	1-2	전선	인선	공과대학			3	1		2	0	4	
		지구과학	1-1,2	전선	인선	공과대학			3	3		0	0	3	
		일반화학(2)및실험	1-2	전선	인필	공과대학			3	1		2	0	4	
		생물공학의기초	2-1,2	전선	인선	공과대학			3	3		0	0	3	
		일반생리학및해부학[1)]	2-2	전선	인선	공과대학			3	3		0	0	3	
	전산학(C)	C프로그래밍	1-1,2	전선	인필	공과대학			3	1		0	2	4	
		포트란프로그래밍	1-1,2	전선	인선	공과대학			3	1		0	2	4	
		실용전산	1-2	전선	인선	공과대학			3	1		0	2	3	
		C++프로그래밍	2-2	전선	인선	공과대학			3	1		0	2	4	
		MSC 소계(b)					30	30	57	41		8	8	64	

교과영역		교과목명	개설 학년-학기[2]	학교 이수 구분[3]	인증 이수 구분[3]	주관 학사행정 단위[4]	인증 기준[5]	졸업 학점[5]	학점구성[6]					시수[7]	비고
									소계	이론	설계	실험	실습		
공학주제	설계학점	화학공학기초설계	2-1	전선	인필	학과			3	0	3	0	0	4	
		화공물리화학(2)및실험	2-2	전선	인선	학과			3	1	1	1	0	4	
		화공양론(2)및연습	2-2	전선	인선	학과			3	2	1	0	0	4	
		수치해석및실습	2-2	전선	인선	학과			3	1	1	1	0	4	
		화공열역학(2)및실험	3-1	전선	인선	학과			3	2	1	0	0	4	
		고분자공학(2)및실습	3-2	전선	인선	학과			3	2	1	0	0	3	
		단위조작(2)및실험	3-2	전선	인선	학과			3	1	1	1	0	4	
		반응공학(2)및실험	3-2	전선	인선	학과			3	1	1	1	0	4	
		화학공학설계및실험(1)	3-2	전선	인선	학과			3	0	2	1	0	4	
		공정제어(2)및실험	4-1	전선	인선	학과			3	1	1	1	0	4	
		나노화공재료	4-1	전선	인선	학과			3	2	1	0	0	3	
		화학공장설계	4-1	전선	인선	학과			3	1	2	0	0	3	
		화공전산모사및실습	4-1	전선	인선	학과			3	1	1	1	0	4	
		화학공학설계및실험(2)	4-1	전선	인선	학과			3	1	2	0	0	4	
		화학공학종합설계	4-1	전선	인필	학과			3	0	3	0	0	4	
		화공컴퓨터응용및실습	4-2	전선	인선	학과			3	2	1	0	0	4	
		화학공정공학	4-2	전선	인선	학과			3	2	1	0	0	3	
		화학공학프로젝트	4-2	전선	인선	학과			2	0	2	0	0	.	
		설계 소계(i)					18	18	53	20	26	7	0	65	
	설계 미 포함 학점	화공양론(1)	2-1	전선	인선	학과			3	3		0	0	3	
		화공물리화학(1)	2-1	전선	인선	학과			3	3		0	0	3	
		유기화학	2-1	전선	인선	학과			3	3		0	0	3	
		화공열역학(1)	2-2	전선	인선	학과			3	3		0	0	3	
		고분자공학(1)	3-1	전선	인선	학과			3	3		0	0	3	
		단위조작(1)	3-1	전선	인선	학과			3	3		0	0	3	
		반응공학(1)	3-1	전선	인선	학과			3	3		0	0	3	
		공정제어(1)	3-2	전선	인선	학과			3	3		0	0	3	
		나노기술개론	3-2	전선	인선	학과			3	3		0	0	3	
		이동현상	4-1	전선	인선	학과			3	3		0	0	3	
		분체공학	4-2	전선	인선	학과			3	3		0	0	3	
		미포함 소계(ii)					42	42	33	33		0	0	33	
	공학주제 소계(c=i+ii)						60	60	86	53	26	7	0	98	
학점 합계(=a+b+c)[9]							108	108							
졸업을 위한 최소 이수학점[10]								130							

[별표 2] 화학공학프로그램 교과과정표 B(2012년 이후)

〈표 I-1〉 기본 교과과정표1

교과영역		교과목명	개설학년-학기[2]	학교이수구분[3]	인증이수구분[3]	주관학사행정단위[4]	인증기준[5]	졸업학점[5]	학점구성[6]					시수[7]	비고
									소계	이론	설계	실험	실습		
전문교양		공학윤리	1-1,2	전선	인필	공과대학			3	3			0	3	
전문교양		과학과기술의역사	1-1,2	전선	인필	공과대학			3	3			0	3	
전문교양		공학영어	2-1,2	전선	인필	공과대학			3	3			0	3	
전문교양		기술보고서작성법	2-1,2	전선	인필	공과대학			3	3			0	3	
전문교양		기술과의사소통	3-1	전선	인선	공과대학			3	3			0	3	
전문교양		인터넷사회와윤리	3-1	전선	인선	공과대학			3	3			0	3	
전문교양		공간과생활	3-1	전선	인선	공과대학			3	3			0	3	
전문교양		경제성공학	3-1,2	전선	인선	공과대학			3	3			0	3	
전문교양		기술과사회	3-2	전선	인선	공과대학			3	3			0	3	
		전문교양 소계(a)					18	18	33	33			0	33	
MSC	수학(M)	미분적분학	1-1,2	전선	인필	공과대학			3	3		0	0	3	
MSC	수학(M)	확률및통계	1-1,2	전선	인필	공과대학			3	3		0	0	3	
MSC	수학(M)	미분방정식	2-1,2	전선	인필	공과대학			3	3		0	0	3	
MSC	수학(M)	수치해석	2-1,2	전선	인선	공과대학			3	3		0	0	3	
MSC	수학(M)	선형대수학	2-1,2	전선	인선	공과대학			3	3		0	0	3	
MSC	수학(M)	해석기하학	2-1,2	전선	인선	공과대학			3	3		0	0	3	
MSC	수학(M)	이산수학(1)	2-1	전선	인선	공과대학			3	3		0	0	3	
MSC	수학(M)	이산수학(2)	2-2	전선	인선	공과대학			3	3		0	0	3	
MSC	기초과학(S)	일반물리학(1)및실험	1-1	전선	인선	공과대학			3	1		2	0	4	
MSC	기초과학(S)	일반화학(1)및실험	1-1,2	전선	인필	공과대학			3	1		2	0	4	
MSC	기초과학(S)	일반물리학(2)및실험	1-2	전선	인선	공과대학			3	1		2	0	4	
MSC	기초과학(S)	지구과학	1-1,2	전선	인선	공과대학			3	3		0	0	3	
MSC	기초과학(S)	일반화학(2)및실험	1-2	전선	인필	공과대학			3	1		2	0	4	
MSC	기초과학(S)	생물공학의기초	2-1,2	전선	인선	공과대학			3	3		0	0	3	
MSC	기초과학(S)	일반생리학및해부학[1]	2-2	전선	인선	공과대학			3	3		0	0	3	
MSC	전산학(C)	C프로그래밍	1-1,2	전선	인필	공과대학			3	1		0	2	4	
MSC	전산학(C)	포트란프로그래밍	1-1,2	전선	인선	공과대학			3	1		0	2	4	
MSC	전산학(C)	실용전산	1-2	전선	인선	공과대학			3	1		0	2	3	
MSC	전산학(C)	C++프로그래밍	2-2	전선	인선	공과대학			3	1		0	2	4	
MSC		MSC 소계(b)					30	30	57	41		8	8	64	

교과영역		교과목명	개설 학년-학기[2]	학교 이수 구분[3]	인증 이수 구분[3]	주관 학사행정 단위[4]	인증 기준[5]	졸업 학점[5]	학점구성[6]					시수[7]	비고
									소계	이론	설계	실험	실습		
공학주제	설계 학점	화학공학기초설계	2-1	전선	인필	학과			3	0	3	0	0	4	
		화공물리화학(2)및실험	2-2	전선	인선	학과			3	1	1	1	0	4	
		화공양론(2)및연습	2-2	전선	인선	학과			3	2	1	0	0	4	
		수치해석및실습	2-2	전선	인선	학과			3	1	1	1	0	4	
		화공열역학(2)및실험	3-1	전선	인선	학과			3	2	1	0	0	4	
		고분자공학(2)및실습	3-2	전선	인선	학과			3	2	1	0	0	3	
		단위조작(2)및실험	3-2	전선	인선	학과			3	1	1	1	0	4	
		반응공학(2)및실험	3-2	전선	인선	학과			3	1	1	1	0	4	
		화학공학설계및실험(1)	3-2	전선	인선	학과			3	0	2	1	0	4	
		나노공학	3-2	전선	인선	학과			3	2	1	0	0	3	2012-2 신설 공동교과목
		공정제어(2)및실험	4-1	전선	인선	학과			3	1	1	1	0	4	
		나노화공재료	4-1	전선	인선	학과			3	2	1	0	0	3	
		화학공장설계	4-1	전선	인선	학과			3	1	2	0	0	4	시수변경 3→4
		화공전산모사및실습	4-1	전선	인선	학과			3	1	1	1	0	4	
		화학공학설계및실험(2)	4-1	전선	인선	학과			3	1	2	0	0	4	
		화학공학종합설계	4-1	전선	인필	학과			3	0	3	0	0	4	
		전기화학공학	4-1	전선	인선	학과			3	2	1	0	0	3	2012-1 신설 공동교과목
		화공컴퓨터응용및실습	4-2	전선	인선	학과			3	2	1	0	0	4	
		화학공정공학	4-2	전선	인선	학과			3	2	1	0	0	3	
		화학공학프로젝트	4-2	전선	인선	학과			2	0	2	0	0	.	
		설계 소계(i)					18	18	59	24	28	7	0	71	
	설계 미포함 학점	화공양론(1)	2-1	전선	인선	학과			3	3		0	0	3	
		화공물리화학(1)	2-1	전선	인선	학과			3	3		0	0	3	
		유기화학	2-1	전선	인선	학과			3	3		0	0	3	
		ORGANIC CHEMISTRY FOR CHEMICAL ENGINEERS	2-1	전선	인선	학과			3	3		0	0	3	2012-1 신설과목
		화공열역학(1)	2-2	전선	인선	학과			3	3		0	0	3	
		고분자공학(1)	3-1	전선	인선	학과			3	3		0	0	3	
		단위조작(1)	3-1	전선	인선	학과			3	3		0	0	3	
		반응공학(1)	3-1	전선	인선	학과			3	3		0	0	3	
		공정제어(1)	3-2	전선	인선	학과			3	3		0	0	3	
		나노기술개론	3-2	전선	인선	학과			3	3		0	0	3	
		이동현상	4-1	전선	인선	학과			3	3		0	0	3	
		분체공학	4-2	전선	인선	학과			3	3		0	0	3	
		기기분석(1)	3-1	전선	인선	학과			3	3		0	0	3	2012-1 신설과목
		기기분석(2)	3-2	전선	인선	학과			3	3		0	0	3	2012-2 신설과목
		미포함 소계(ii)					42	42	42	42		0	0	42	
	공학주제 소계(c=i+ii)						60	60	101	66	28	7	0	113	
학점 합계(=a+b+c)[9]							108	108							
졸업을 위한 최소 이수학점[10]								130							

[별표 2] 화학공학프로그램 교과목 이수체계도 A(2011년 이전)

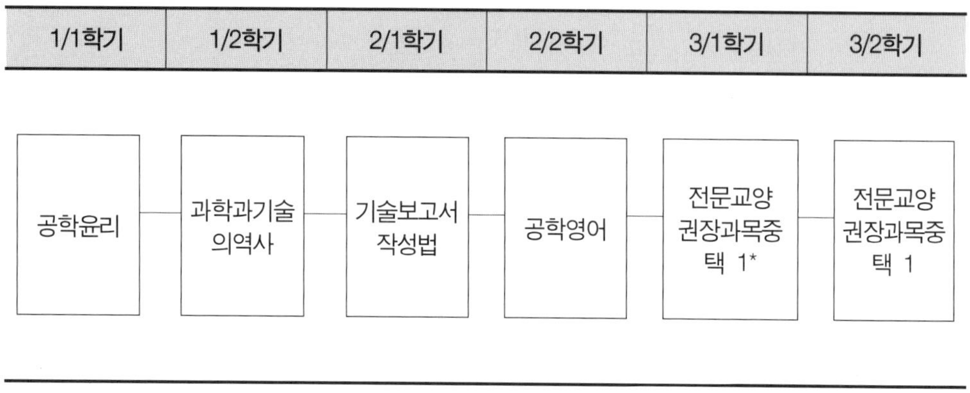

〈전문교양교과목 추천이수체계도〉

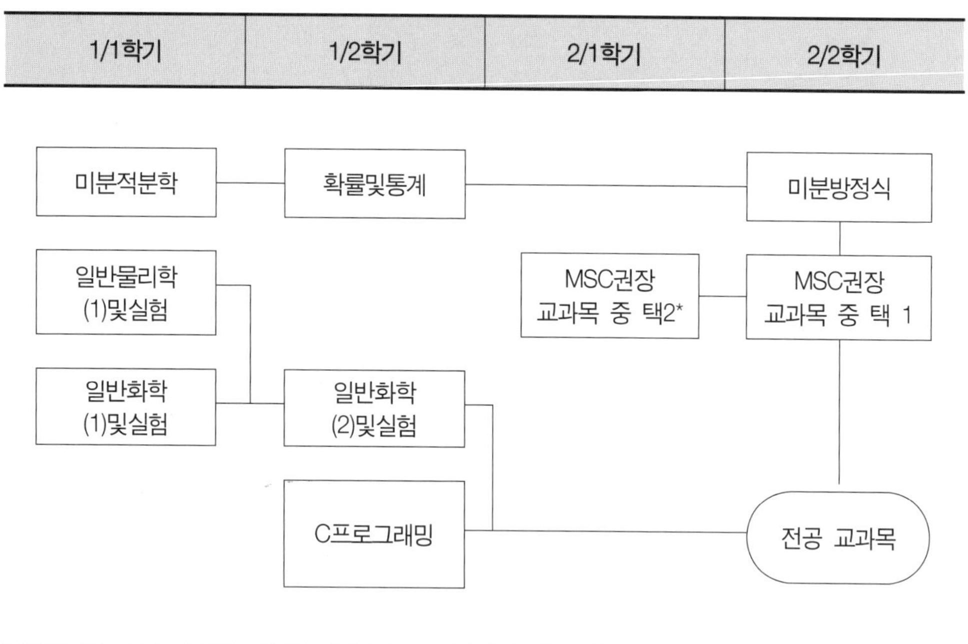

〈MSC 추천이수체계도〉

	2학년		3학년		4학년	
	1학기	2학기	1학기	2학기	1학기	2학기
기본과정	화공양론(1) 화공물리화학(1) 유기화학	화공양론(2) 및 연습 화공물리화학(2) 및 실험 수치해석 및 실습 화공열역학(1)	고분자공학(1) 단위조작(1) 반응공학(1)	공정제어(1)		
심화과정			화공열역학(2) 및 실험	고분자공학(2) 및 실습 단위조작(2) 및 실험 반응공학(2) 및 실험	공정제어(2) 및 실험 이동현상 나노화공재료 화공전산모사 및 실습	분체공학 화학공정공학 화공컴퓨터응용 및 실습
설계과정	화학공학기초설계			화학공학설계(1) 및 실험	화학공학설계(2) 및 실험 화학공학설계(2) 및 실험	화학공학프로젝트 화학공학종합설계
실습과정	나노화공현장실습(1)		나노화공현장실습(2)	화학공학인턴쉽		화학공학학기인턴쉽

〈전공교과목 추천이수체계도〉

[별표 2] 화학공학프로그램 교과목 이수체계도 B(2012년 이후)

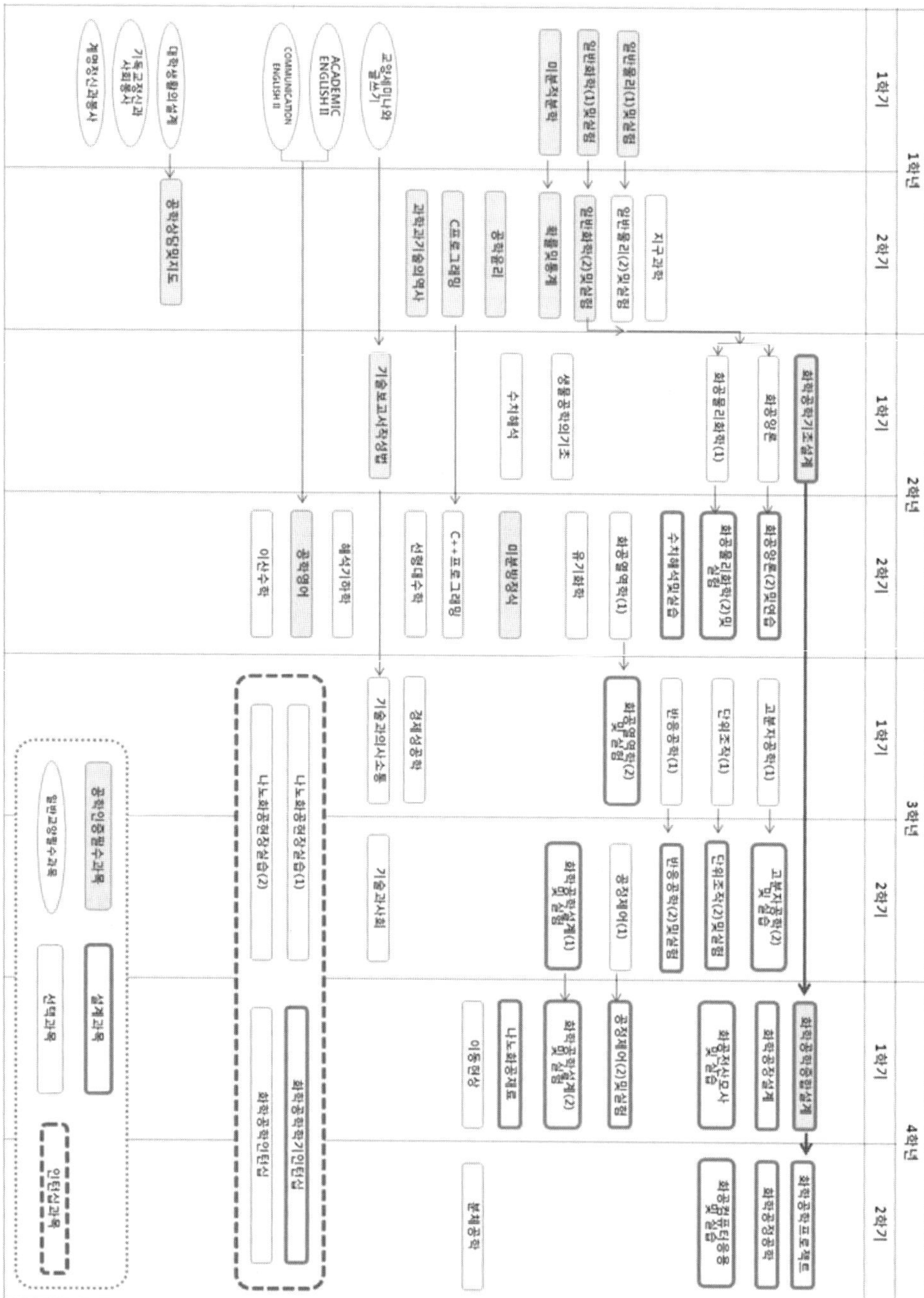

[별표 3] 각 교육목표별 평가기준

<table>
<tr><td>교육목표</td><td colspan="4">화학공학과 교육목표 1</td></tr>
<tr><td>설문내용</td><td colspan="4">합리적이고 창의적인 사고를 통하여 화학공학의 제반문제를 분석하고, 문제점을 해결할 수 있는가?</td></tr>
<tr><td>평가도구</td><td colspan="4">졸업생 설문조사, 고용주 설문조사</td></tr>
<tr><td rowspan="6">채점기준
(Rubrics)</td><td>평가도구</td><td colspan="2">채점방법</td><td>배점</td></tr>
<tr><td rowspan="2">졸업생 설문조사</td><td colspan="2">설문내용 ①에 대한 응답 내용을 평가</td><td rowspan="2">100</td></tr>
<tr><td>응답점수(5점만점)*20</td><td></td></tr>
<tr><td rowspan="2">고용주 설문조사</td><td colspan="2">설문내용 ①에 대한 응답 내용을 평가</td><td rowspan="2">100</td></tr>
<tr><td>응답점수(5점만점)*20</td><td></td></tr>
<tr><td colspan="4">평가점수가 80이상이면 “상”, 60-80이면 “중”, 60미만이면 “하”</td></tr>
<tr><td>평가
시스템</td><td colspan="4">· 측정방법 : 졸업생, 졸업생의 고용주에 대한 설문조사 실시.
· 측정시기 : 첫 졸업생이 졸업후 3년째가 되는 2012년부터 매년5월 실시
· 평가주체 : 프로그램위원회
· 산출물 : 설문조사 분석보고서</td></tr>
<tr><td>평가주기</td><td colspan="4">4년(평가 및 개선)</td></tr>
</table>

<table>
<tr><td>교육목표</td><td colspan="4">화학공학과 교육목표 2</td></tr>
<tr><td>설문내용</td><td colspan="4">업무의 내용이 다소 바뀌더라도 빠른 시일내에 적응이 가능한가?</td></tr>
<tr><td>평가도구</td><td colspan="4">졸업생 설문조사, 고용주 설문조사</td></tr>
<tr><td rowspan="6">채점기준
(Rubrics)</td><td>평가도구</td><td colspan="2">채점방법</td><td>배점</td></tr>
<tr><td rowspan="2">졸업생 설문조사</td><td colspan="2">설문내용 ①에 대한 응답 내용을 평가</td><td rowspan="2">100</td></tr>
<tr><td>응답점수(5점만점)*20</td><td></td></tr>
<tr><td rowspan="2">고용주 설문조사</td><td colspan="2">설문내용 ①에 대한 응답 내용을 평가</td><td rowspan="2">100</td></tr>
<tr><td>응답점수(5점만점)*20</td><td></td></tr>
<tr><td colspan="4">평가점수가 80이상이면 “상”, 60-80이면 “중”, 60미만이면 “하”</td></tr>
<tr><td>평가
시스템</td><td colspan="4">· 측정방법 : 졸업생, 졸업생의 고용주에 대한 설문조사 실시.
· 측정시기 : 첫 졸업생이 졸업후 3년째가 되는 2012년부터 매년5월 실시
· 평가주체 : 프로그램위원회
· 산출물 : 설문조사 분석보고서</td></tr>
<tr><td>평가주기</td><td colspan="4">4년(평가 및 개선)</td></tr>
</table>

<table>
<tr><td>교육목표</td><td colspan="4">화학공학과 교육목표 3</td></tr>
<tr><td>설문내용</td><td colspan="4">해외관련 업무를 다룰 수 있는가?</td></tr>
<tr><td>평가도구</td><td colspan="4">졸업생 설문조사, 고용주 설문조사</td></tr>
<tr><td rowspan="6">채점기준
(Rubrics)</td><td>평가도구</td><td colspan="2">채점방법</td><td>배점</td></tr>
<tr><td rowspan="2">졸업생 설문조사</td><td colspan="2">설문내용 ①에 대한 응답 내용을 평가</td><td rowspan="2">100</td></tr>
<tr><td>응답점수(5점만점)*20</td><td></td></tr>
<tr><td rowspan="2">고용주 설문조사</td><td colspan="2">설문내용 ①에 대한 응답 내용을 평가</td><td rowspan="2">100</td></tr>
<tr><td>응답점수(5점만점)*20</td><td></td></tr>
<tr><td colspan="4">평가점수가 80이상이면 “상”, 60-80이면 “중”, 60미만이면 “하”</td></tr>
<tr><td>평가
시스템</td><td colspan="4">· 측정방법 : 졸업생, 졸업생의 고용주에 대한 설문조사 실시.
· 측정시기 : 첫 졸업생이 졸업후 3년째가 되는 2012년부터 매년5월 실시
· 평가주체 : 프로그램위원회
· 산출물 : 설문조사 분석보고서</td></tr>
<tr><td>평가주기</td><td colspan="4">4년(평가 및 개선)</td></tr>
</table>

<table>
<tr><td>교육목표</td><td colspan="4">화학공학과 교육목표 4</td></tr>
<tr><td>설문내용</td><td colspan="4">올바른 행동방식을 가지며 맡은 일을 책임지고 완성할 수 있는가?</td></tr>
<tr><td>평가도구</td><td colspan="4">졸업생 설문조사, 고용주 설문조사</td></tr>
<tr><td rowspan="6">채점기준
(Rubrics)</td><td>평가도구</td><td colspan="2">채점방법</td><td>배점</td></tr>
<tr><td rowspan="2">졸업생 설문조사</td><td colspan="2">설문내용 ①에 대한 응답 내용을 평가</td><td rowspan="2">100</td></tr>
<tr><td>응답점수(5점만점)*20</td><td></td></tr>
<tr><td rowspan="2">고용주 설문조사</td><td colspan="2">설문내용 ①에 대한 응답 내용을 평가</td><td rowspan="2">100</td></tr>
<tr><td>응답점수(5점만점)*20</td><td></td></tr>
<tr><td colspan="4">평가점수가 80이상이면 “상”, 60-80이면 “중”, 60미만이면 “하”</td></tr>
<tr><td>평가
시스템</td><td colspan="4">· 측정방법 : 졸업생, 졸업생의 고용주에 대한 설문조사 실시.
· 측정시기 : 첫 졸업생이 졸업후 3년째가 되는 2012년부터 매년5월 실시
· 평가주체 : 프로그램위원회
· 산출물 : 설문조사 분석보고서</td></tr>
<tr><td>평가주기</td><td colspan="4">4년(평가 및 개선)</td></tr>
</table>

<table>
<tr><td>교육목표</td><td colspan="4">화학공학과 교육목표 5</td></tr>
<tr><td>설문내용</td><td colspan="4">올바른 행동방식을 가지며 맡은 일을 책임지고 완성할 수 있는가?</td></tr>
<tr><td>평가도구</td><td colspan="4">졸업생 설문조사, 고용주 설문조사</td></tr>
<tr><td rowspan="6">채점기준
(Rubrics)</td><td>평가도구</td><td colspan="2">채점방법</td><td>배점</td></tr>
<tr><td rowspan="2">졸업생 설문조사</td><td colspan="2">설문내용 ①에 대한 응답 내용을 평가</td><td rowspan="2">100</td></tr>
<tr><td>응답점수(5점만점)*20</td><td></td></tr>
<tr><td rowspan="2">고용주 설문조사</td><td colspan="2">설문내용 ①에 대한 응답 내용을 평가</td><td rowspan="2">100</td></tr>
<tr><td>응답점수(5점만점)*20</td><td></td></tr>
<tr><td colspan="4">평가점수가 80이상이면 "상", 60-80이면 "중", 60미만이면 "하"</td></tr>
<tr><td>평가
시스템</td><td colspan="4">· 측정방법 : 졸업생, 졸업생의 고용주에 대한 설문조사 실시.
· 측정시기 : 첫 졸업생이 졸업후 3년째가 되는 2012년부터 매년5월 실시
· 평가주체 : 프로그램위원회
· 산출물 : 설문조사 분석보고서</td></tr>
<tr><td>평가주기</td><td colspan="4">4년(평가 및 개선)</td></tr>
</table>

[별표 4] 프로그램 학습성과 평가기준

〈표 4.1〉 캡스톤디자인 학습성과 평가 양식

캡스톤디자인 학습성과 평가 양식

1. 작품명 :

2. 참여학생 :

성 명	학 번	연락처

3. 평가결과 :

학습성과	평가항목	평가	수준			
			상	중	하	F
1. 기초지식	보고서의 문제해결 과정에서 수학, 기초과학, 공학지식과 이론의 응용 횟수	회				
2. 실험분석	보고서에 주로 참고한 전공 관련 문서자료	건				
3. 설계능력	설계에서 요구된 필요조건 및 현실적 제한조건의 수	개				
4. 문제해결	주어진 공학문제의 핵심을 파악하고 논리적 표현을 통해 공식화하거나 개선한 건수	개				
7. 의사전달	캡스톤디자인의 보고서 발표와 의사전달 능력					

4. 특이사항 및 기타 :

심사위원 : (인)

〈표 4.2〉 Exit Interview 학습성과 평가 양식

Exit Interview 학습성과 평가 양식

1. 실시일 : 년 학기
2. 학번 :
3. 성명 :

4. 질의내용 :

학습성과	평가항목	수준 (상, 중, 하, F)
5. 도구활용	프로그래밍 언어(C, C++, MatLab 등) 또는 사무자동화(아래한글, MS엑셀, MS파워포인트, MS워드 등) 중 자신이 사용할 수 있는 소프트웨어의 개수와 활용 수준을 설명하시오.	
6. 협동능력	과제('공학설계입문', '캡스톤디자인' 등의 교과목 Term Project) 수행에서 팀원으로서의 자신의 활동 실적과 기여도를 설명하시오.	
7. 의사전달	'공학설계입문', '캡스톤디자인', '기술보고서작성법', '기술과의사소통' 등의 교과목 과제 또는 전공수업에서 발표한 사례에 대하여 설명하시오.	
11. 책임의식	공학윤리와 관련된 시사적인 사례(기술유출, 기술도용 사건 등) 및 엔지니어로서 자신에게 요구되는 직업적, 윤리적 책임의식에 대하여 설명하시오.	
12. 국제이해	다음 중 한 가지를 선택하여 자신의 경험에 대하여 설명하시오. 외국인과 세계문화와 관련하여 토의한 경험 전공이나 공학지식과 관련하여 외국인과 대화한 경험 영어로 공학기술에 관하여 5분 이상 발표한 경험 인터넷 검색기를 사용한 해외자료 조사 경험	

심사위원 : (인)

심사위원 : (인)

심사위원 : (인)

〈표 4.3〉 졸업시험 학습성과 평가 양식

졸업시험 학습성과 평가 양식

1. 실시일 : 년 학기
2. 학번 :
3. 성명 :

4. 질의내용 :

학습성과	평가항목	점수	수준 (상, 중, 하, F)
1. 기초지식	수학, 기초과학, 공학지식과 관련된 문제		
2. 실험분석	자료를 분석하고 실험을 계획하는 문제		
3. 설계능력	현실적 제한조건이 주어진 시스템, 부품요소를 설계하는 문제		
4. 문제해결	문제정의, 모델링, 해석/설계 방법, 결과분석 문제		

심사위원 : (인)

심사위원 : (인)

심사위원 : (인)

〈표 4.4〉 학생포트폴리오 학습성과 평가 양식

학생포트폴리오 학습성과 평가 양식

1. 실시일 :　　　　년　　　학기

2. 학번 :

3. 성명 :

4. 질의내용 :

학습성과	평가항목	점수	수준 (상, 중, 하, F)
8. 평생교육	엔지니어로서 평생교육의 중요성에 대해 인식하게 된 계기와 실천계획을 기술하시오. (A4용지 1매 이상, 글자크기 11 pt., 줄간격 160%)		
9. 공학이해	공학적 해결방안이 산업과 사회의 발전에 기여한 사례 및 그 영향에 관하여 기술하시오. (A4용지 1매 이상, 글자크기 11 pt., 줄간격 160%)		
10. 시사지식	시사문제(정치, 경제, 경영, 법률, 사회문화, 환경문제 등 공학기술전반)의 이슈 및 자신의 견해에 대하여 기술하시오. (A4용지 1매 이상, 글자크기 11 pt., 줄간격 160%)		
12. 국제이해	공인외국어 어학시험성적 증명서를 제출하시오.		

심사위원 :　　　　　　(인)

심사위원 :　　　　　　(인)

심사위원 :　　　　　　(인)

〈표 4.5〉 학습성과별 평가기준 및 수준

학습성과	평가도구	평가기준	수준			
			상	중	하	F
① 지식 응용	캡스톤 디자인	보고서의 문제해결 과정에서 수학, 기초과학, 공학지식과 이론의 응용 횟수	4회 이상	2~3회	1회 이상	0회
	졸업시험	졸업시험의 수학, 기초과학, 공학지식을 전공에 응용한 문제에 대한 답안 채점결과	80/100점 이상	60/100점 이상	40/100점 이상	40점 미만
② 분석 실험	캡스톤 디자인	보고서에 주로 참고한 전공 관련 문서자료	4건 이상	2~3건	1건 이상	0건
	졸업시험	졸업시험의 자료를 분석하고 실험을 계획하는 문제에 대한 답안 채점결과	80/100점 이상	60/100점 이상	40/100점 이상	40점 미만
③ 설계 능력	캡스톤 디자인	설계에서 요구된 필요조건 및 현실적 제한조건의 수	4개 이상	2~3개	1개 이상	0개
	졸업시험	졸업시험의 현실적 제한조건이 주어진 시스템, 부품요소를 설계하는 문제에 대한 답안 채점결과	80/100점 이상	60/100점 이상	40/100점 이상	40점 미만
④ 문제 해결	캡스톤 디자인	주어진 공학문제의 핵심을 파악하고 논리적 표현을 통해 공식화하거나 개선한 건수	3개 이상	2개 이상	1개 이상	0개
	졸업시험	졸업시험의 문제정의, 모델링, 해석/설계 방법, 결과분석 문제에 대한 답안 채점결과	80/100점 이상	60/100점 이상	40/100점 이상	40점 미만
⑤ 도구 활용	Exit Interview	모델링, 해석 S/W 또는 사무자동화(아래한글, 엑셀, 파워포인트, MS-WORD 등) 중 사용할 수 있는 소프트웨어의 개수와 활용수준	개수가 6개 이상이고, 활용수준이 우수	개수가 4~5개 이고, 활용수준이 보통	개수가 3개 이상	3개 미만
⑥ 협동 능력	Exit Interview	과제('공학설계입문', '캡스톤디자인' 등의 교과목 Term Project) 수행에서 담당한 팀원 활동 실적	우수	보통	미흡	실격
⑦ 의사 전달	캡스톤 디자인	캡스톤디자인의 보고서 발표와 의사전달 능력	우수	보통	미흡	실격
	Exit Interview	'공학설계입문', '캡스톤디자인', '기술보고서작성법', '기술과의사소통' 등의 교과목 과제 또는 또는 전공수업에서 발표한 사례	3가지이상 구체적 설명	2가지이상 구체적 설명	1가지이상 구체적 설명	실격
⑧ 평생 교육	학생 포트폴리오 (Essay)	엔지니어로서 평생교육의 중요성에 대한 인식과 실천계획	우수	보통	미흡	실격
⑨ 영향 이해	학생 포트폴리오 (Essay)	공학적 해결방안이 산업과 사회의 발전에 기여한 사례 및 그 영향에 관하여 설명한 내용	우수	보통	미흡	실격
⑩ 시사 지식	학생 포트폴리오 (Essay)	시사문제(정치, 경제, 경영, 법률, 사회문화, 환경문제 등 공학기술전반)의 이슈 및 자신의 견해에 대한 설명	우수	보통	미흡	실격
⑪ 책임 의식	Exit Interview	공학윤리와 관련된 시사적인 사례(기술유출, 기술도용 사건 등) 및 엔지니어에게 요구되는 직업적, 윤리적 책임의식	설명이 우수	설명이 보통	설명이 미흡	실격
⑫ 국제 이해	Exit Interview	외국인과 세계문화와 관련하여 토의한 경험, 전공이나 공학지식과 관련하여 외국인과 대화한 경험, 영어로 공학기술에 관하여 5분 이상 발표한 경험, 인터넷 검색기를 사용한 해외자료 조사 경험	우수	보통	미흡	실격
	학생 포트폴리오 (어학능력)	공인외국어 어학시험성적	토익 600점이상	토익 400~600점	공인어학 시험 응시	미응시

〈표 4.6〉 학습성과별 졸업요건

학습성과	평가도구	졸업요건
① 지식응용	캡스톤디자인	Pass
	졸업시험	Pass
② 분석실험	캡스톤디자인	Pass
	졸업시험	Pass
③ 설계능력	캡스톤디자인	Pass
	졸업시험	Pass
④ 문제해결	캡스톤디자인	Pass
	졸업시험	Pass
⑤ 도구활용	Exit Interview	Pass
⑥ 협동능력	Exit Interview	Pass
⑦ 의사전달	캡스톤디자인	Pass
	Exit Interview	Pass
⑧ 평생교육	학생포트폴리오(Essay)	Pass
⑨ 영향이해	학생포트폴리오(Essay)	Pass
⑩ 시사지식	학생포트폴리오(Essay)	Pass
⑪ 책임의식	Exit Interview	Pass
⑫ 국제이해	Exit Interview	Pass
	학생포트폴리오(어학능력)	Pass

[별표 5] 인턴십 설계업무 평가표

인턴십 설계업무 평가표

<table>
<tr><td>소 속</td><td colspan="5">대학 학과(전공)</td></tr>
<tr><td>성 명</td><td colspan="2"></td><td>학 번</td><td colspan="2"></td></tr>
<tr><td>수행 업체</td><td colspan="5"></td></tr>
<tr><td>수행 기간</td><td colspan="5">~</td></tr>
<tr><td>주</td><td colspan="5">업무내용 요약</td></tr>
<tr><td>1</td><td colspan="5"></td></tr>
<tr><td>2</td><td colspan="5"></td></tr>
<tr><td>3</td><td colspan="5"></td></tr>
<tr><td>4</td><td colspan="5"></td></tr>
<tr><td>5</td><td colspan="5"></td></tr>
<tr><td>6</td><td colspan="5"></td></tr>
<tr><td>7</td><td colspan="5"></td></tr>
<tr><td>8</td><td colspan="5"></td></tr>
<tr><td>9</td><td colspan="5"></td></tr>
<tr><td>10</td><td colspan="5"></td></tr>
<tr><td>11</td><td colspan="5"></td></tr>
<tr><td>12</td><td colspan="5"></td></tr>
<tr><td>13</td><td colspan="5"></td></tr>
<tr><td>14</td><td colspan="5"></td></tr>
<tr><td>15</td><td colspan="5"></td></tr>
<tr><td colspan="6">설계요소 평가 확인란</td></tr>
<tr><td>목표설정</td><td>합성</td><td>분석</td><td>제작</td><td>시험</td><td>결과평가</td></tr>
<tr><td></td><td></td><td></td><td></td><td></td><td></td></tr>
<tr><td colspan="6">설계 제한요소 평가 확인란</td></tr>
<tr><td>경제성</td><td>안정성</td><td>실행가능성</td><td>윤리성</td><td>사회적영향</td><td>물리적제한성</td></tr>
<tr><td></td><td></td><td></td><td></td><td></td><td></td></tr>
<tr><td>설계업무 총평
(평가교수)</td><td colspan="5"></td></tr>
<tr><td colspan="5">설계인정 학점</td><td>학점</td></tr>
</table>

평가교수 ○ ○ ○ (인)
평가교수 ○ ○ ○ (인)
평가교수 ○ ○ ○ (인)

3. KEC2005 인증 기준

공학인증기준2005(KEC2005)

(2013년 인증평가부터 적용)

2004. 12. 31. 제정
2005. 5. 6. 개정
2005. 12. 7. 개정
2006. 12. 22. 개정
2008. 7. 18. 개정
2011. 7. 15. 개정
2012. 7. 10. 개정

공학교육인증을 받고자하는 공학교육 프로그램은 공학사를 수여하는 4년 이상의 교육과정으로 구성되어 있고 다음의 8개 기준을 만족하여야 한다. 공학교육 프로그램은 수요지향 교육 및 성과중심 교육 체계를 갖추어야 한다.

1) 프로그램 교육목표
2) 프로그램 학습성과 및 평가
3) 교과영역
4) 학생
5) 교수진
6) 교육환경
7) 교육개선
8) 전공분야별 인증기준

기준 1. 프로그램 교육목표

공학교육 프로그램은 교육목표를 설정하고 관리하여야 한다.

(1) 교육목표는 프로그램의 졸업생이 활동할 산업체를 포함한 구성원의 요구를 반영하여 교육기관의 특성에 부합되도록 설정되어야 한다.
(2) 교육목표는 공식적으로 공개되어야 한다.
(3) 교육목표의 성취도를 정기적으로 측정하여야 한다.

기준 2. 프로그램 학습성과 및 평가

공학교육 프로그램은 학생이 졸업 시 갖추어야 할 능력과 자질을 나타내는 학습성과를 적절히 설정하고 그 성취도를 적합한 절차에 따라 측정하여야 한다. 학습성과에는 다음과 같은 항목들이 포함되어야 하며, 필요한 경우 자체적으로 정의한 학습성과가 추가될 수 있다.

(1) 수학, 기초과학, 공학의 지식과 정보기술을 응용할 수 있는 능력

(2) 자료를 이해하고 분석할 수 있는 능력 및 실험을 계획하고 수행할 수 있는 능력

(3) 현실적 제한조건을 반영하여 시스템, 구성 요소, 공정을 설계할 수 있는 능력

(4) 공학 문제들을 인식하며, 이를 공식화하고 해결할 수 있는 능력

(5) 공학 실무에 필요한 기술, 방법, 도구들을 사용할 수 있는 능력

(6) 복합 학제적 팀의 한 구성원으로서 역할을 수행할 수 있는 능력

(7) 효과적으로 의사소통을 할 수 있는 능력

(8) 평생학습의 필요성을 인식하고 이에 능동적으로 참여할 수 있는 능력

(9) 공학적 해결방안이 세계적, 경제적, 환경적, 사회적 상황에 미치는 영향을 이해할 수 있는 폭넓은 지식

(10) 시사적 논점들에 대한 기본 지식

(11) 직업적 책임과 윤리적 책임에 대한 인식

(12) 세계문화에 대한 이해와 국제적으로 협동할 수 있는 능력

기준 3. 교과영역

교과과정은 프로그램의 교육목표 및 학습성과를 달성할 수 있도록 체계적으로 구성되고 관리되어야 한다. 또한 교과과정은 졸업생이 충분한 설계경험을 쌓을 수 있도록 적절하게 편성되어야 한다. 교과영역 별 최소 이수요건은 다음과 같다.

(1) 교육목표를 달성할 수 있는 교육과정이 수립되어야 한다.

(2) 수학, 기초과학(일부 교과목은 실험 포함) 및 전산학 교과목을 합하여 30학점 이상으로 적절히 구성되어야 한다. 기초과학은 생물 분야, 화학 분야, 물리 분야 그리고 지구과학 분야로 정의한다. 단, 전산학 교과목의 경우 6학점까지만 인정한다.

(3) 전공 교과목은 설계 교육과정을 포함하여 54학점 이상으로 한다. 설계교육과정에는 기초설계와 종합설계 등이 포함되어야 하며, 종합설계 교과목은 학생이 교육과정을 통하여 배운 지식과 능력을 활용하여 공학실무에서 요구되는 설계 경험을 축적할 수 있도록 하여야 한다.

(4) 프로그램 교육목표와 학습성과를 달성하기 위하여 필요한 전문교양 교과목을 18학점 이상으로 한다.

기준 4. 학생

학생 및 졸업생의 자질과 능력은 프로그램을 평가하는데 있어서 중요한 요소이다. 따라서 공학교육 프로그램은 교육목표에 부합되도록 모든 학생들을 지도해야 한다.

(1) 학생에 대한 체계적인 평가가 이루어져야 한다.

(2) 프로그램 이수, 수강, 진로 등에 대한 상담의 기회가 모든 학생들에게 제공되어야 한다.

(3) 학업과 다양한 학생활동에 대하여 적절한 관찰이 있어야 한다.

(4) 전입생(프로그램으로 중도 진입하는 편입생, 전과생, 복학생 등)을 위한 수용정책과 취득학점 인정 절차가 있어야 한다.

(5) 졸업생이 프로그램의 모든 요구사항을 충족하였음을 보장할 수 있는 기준 및 절차가 수립되어 있어야 한다. (단 여기서 졸업생은 졸업 직전의 학생을 의미함)

기준 5. 교수진

교수진은 프로그램의 연속성 및 안정성을 보장하고, 프로그램 인증 유지를 위해 필요한 전문가적인 자질을 갖추어야 한다.

(1) 교수진은 교육과정의 모든 영역을 충실히 다룰 수 있도록 구성되어야 한다.

(2) 교수진은 학생들을 충실히 지도할 수 있도록 구성되어야 한다.

(3) 교수진은 교육방법을 포함한 전문능력의 자기계발 노력이 있어야 한다.

(4) 교수진은 산업체 및 전문 직업인과의 유대가 있어야 한다.

(5) 교수의 교육개선 활동이 교수의 업적평가에 실질적으로 반영되어야 한다.

기준 6. 교육환경

교육기관은 프로그램 교육목표 달성을 위한 행정체계와 교육환경을 제공하여야 한다.

(1) 프로그램의 원활한 운영을 위한 행정체계가 있어야 한다.

(2) 교과과정의 효율적 운영을 위한 공간, 시설, 장비가 충분하여야 한다.

(3) 프로그램의 운영과 지속적인 발전을 위한 재정지원이 충분하여야 한다.

(4) 프로그램 운영을 위한 행정 및 교육보조 인력이 충분하여야 한다.

기준 7. 교육개선

프로그램에서는 문서화에 의거한 지속적인 품질 개선 활동이 있어야 한다.

(1) 이전 평가에서 지적된 항목에 대하여 개선된 실적이 있어야 한다.

(2) 프로그램 교육목표 및 학습성과의 성취도를 정기적으로 분석하여 프로그램 개선을 위한 활동이 이루어져야 한다.

기준 8. 전공분야별 인증기준

각 프로그램은 적용 대상이 되는 다음의 전공분야별 인증기준을 만족시켜야 한다. 적용 대상이 되는 프로그램은 아래에 열거한 것과 같은 대분류로 분류할 수 있으며, 이 대분류는 상황에 따라 변경이 가능하다[1]. 대분류에 속하지 않은 프로그램도 인증 가능하며, 각 교육기관에 따라 교육 프로그램과 학사행정 단위가 일치하지 않는 경우에는 소 프로그램 단위로 인증이 가능하다. 만약 프로그램이 그 명칭 때문에 두 개 또는 그 이상의 전공분야별 인증기준을 포함하게 된다면, 그 프로그램은 각각의 전공분야별 인증기준을 만족시켜야 한다. 단, 중복되는 요구 사항들은 한 번만 만족시키면 된다.

- 건축공학 및 유사명칭 공학 프로그램에 대한 인증기준
- 기계공학 및 유사명칭 공학 프로그램에 대한 인증기준
- 농공학 및 유사명칭 공학 프로그램에 대한 인증기준
- 산업공학 및 유사명칭 공학 프로그램에 대한 인증기준
- 생물공학 및 유사명칭 공학 프로그램에 대한 인증기준
- 섬유공학 및 유사명칭 공학 프로그램에 대한 인증기준
- 원자력, 방사선공학 및 유사명칭 공학 프로그램에 대한 인증기준
- 자원공학 및 유사명칭 공학 프로그램에 대한 인증기준
- 재료공학 및 유사명칭 공학 프로그램에 대한 인증기준
- 전기, 전자공학 및 유사명칭 공학 프로그램에 대한 인증기준
- 조선해양공학 및 유사명칭 공학 프로그램에 대한 인증기준
- 컴퓨터공학 및 유사명칭 공학 프로그램에 대한 인증기준
- 토목공학 및 유사명칭 공학 프로그램에 대한 인증기준
- 항공우주공학 및 유사명칭 공학 프로그램에 대한 인증기준
- 화학공학 및 유사명칭 공학 프로그램에 대한 인증기준
- 환경공학 및 유사명칭 공학 프로그램에 대한 인증기준
- 기타(비 전통적인 공학 프로그램)

1) 변경 요청이 있는 경우 **인증기준위원회**가 이를 검토하고, **한국공학교육인증원** 이사회에 상정하여 결정한다.

건축공학 및 유사명칭 공학 프로그램에 대한 인증기준

(PROGRAM CRITERIA FOR ARCHITECTURAL AND SIMILARLY NAMED ENGINEERING PROGRAMS)

대한건축학회의 의견을 수렴하여 제출됨.

1. 적용

본 전공분야 인증기준은 건축공학 및 이와 유사한 명칭을 가지고 있는 공학 프로그램에 적용한다.

프로그램 명칭에 건축공학을 포함하거나 이들 명칭으로부터 파생된 명칭이 포함된 공학 프로그램은 본 기준을 공유한다.

2. 교수진

프로그램의 교수진은 해당 전문 공학 분야의 업무를 이해하고 현재의 기술수준을 유지하고 있어야 한다. 프로그램의 교수진은 프로그램의 목표를 정의하고, 수정하고, 적용하고, 성취할 수 있는 책임감과 권위를 가져야 한다.

건축공학분야의 교과목을 담당하는 전임 또는 비전임 교수진은 해당분야의 박사학위, 기술사, 건축사 등의 자격을 보유하거나 이와 상응하는 현장 경험 또는 현장 적용 능력을 보유하고 있어야 한다.

3. 교과과정

1) 교과과정 편성

본 인증 프로그램을 이수한 졸업생은 인증기준에서 정의한 능력과 자질을 보유할 수 있도록 교과목이 편성되어야 한다.

(1) 교과과정은 건축공학의 주요 분야인 건축구조, 건축 환경 및 설비, 건축재료 및 시공 중 2개 이상의 분야를 포함하거나, 건축구조, 건축 환경 및 설비, 건축재료 및 시공, 건축계획 및 설계 중 3개 이상의 분야를 포함하여야 한다.

(2) 교과과정은 최소한 12학점의 설계 교육과정을 포함하여야 한다.

(3) 교과과정은 건축공학 주요 분야에서 습득한 요소지식을 설계도서 등을 통해 이해할 수 있는 내용을 포함하여야 한다.

(4) 교과과정은 현장실습 또는 건축실무관련 교과목을 포함하여야 한다.

(5) 교과과정은 건축계획, 건축설계 및 건축법규 관련 교과목을 전공과목으로 포함할 수 있다.

2) 교과목의 이수

학생들은 기초설계와 종합설계를 포함하여 12학점 이상의 설계 교과목을 이수하여야 한다.

기계공학 및 유사 명칭 공학 프로그램에 대한 인증기준

(PROGRAM CRITERIA FOR MECHANICAL ENGINEERING AND SIMILARLY NAMED ENGINEERING PROGRAMS)

대한기계학회의 주관으로 대한설비공학회, 대한용접접합학회, 유체기계공업학회, 제어로봇시스템학회, 한국반도체및디스플레이장비학회, 한국복합재료학회, 한국비파괴검사학회, 한국생산제조시스템학회, 한국소성가공학회, 한국소음진동공학회, 한국액체미립화학회, 한국연소학회, 한국윤활학회, 한국자동차공학회, 한국정밀공학회, 한국철도학회 (가나다순) 대표들이 의견을 수렴하여 제출됨.

1. 적용

본 전공분야 인증기준은 기계공학 및 이와 유사한 명칭의 공학 프로그램에 적용한다.

프로그램 명칭에 기계, 자동차, 메카트로닉스를 포함하거나 이들 명칭으로부터 파생된 명칭이 포함된 공학 프로그램은 본 기준을 공유한다.

2. 교수진

프로그램에 참여하는 교수진(전임, 겸임 및 비전임을 포함)은 담당 분야에 대한 석사학위이상의 전문적인 지식 또는 이와 동등한 수준의 실무경험이 있어야 하며, 전임 교수진은 해당분야의 박사학위, 기술사 또는 이와 동등한 수준의 학력이나 경력을 보유하고 있어야 한다.

3. 교과과정

1) 학생들은 미적분, 미분방정식, 선형대수 등에 대한 기초 지식을 다루는 수학분야의 교과목과 물리학분야의 교과목을 반드시 이수하여야 한다. 또한 기계공학의 기초가 되는 고체역학, 열역학, 유체역학, 및 동역학과 관련된 주요 역학 교과목을 반드시 이수하여야 한다.

2) 학생들은 기초설계와 종합설계를 포함하여 12학점 이상의 설계 교과목을 이수하여야 한다.

3) 학생들은 기계공학의 주요 분야에 대한 실험실습 교육을 충분히 이수하여야 한다.

농공학 및 유사명칭 공학 프로그램에 대한 인증기준

(PROGRAM CRITERIA FOR AGRICULTURAL AND SIMILARLY NAMED ENGINEERING PROGRAMS)

한국농공학회의 주관과 한국농업기계학회의 의견을 수렴하여 제출됨.

1. 적용

본 전공분야 인증기준은 농공학 및 이와 유사한 명칭을 가지고 있는 공학 프로그램에 적용한다.

프로그램 명칭에 농업토목, 지역기반, 지역건설, 지역시스템, 지역기반건설, 지역환경토목, 지역자원시스템, 사회환경시스템, 바이오시스템공학, 생물생산기계공학, 생물산업공학, 산업기계공학, 바이오메카트로닉스를 포함하거나 이들 명칭으로부터 파생된 명칭이 포함된 공학 프로그램은 본 기준을 공유한다.

2. 교수진

프로그램의 교수진은 해당 전문 공학 분야의 업무를 이해하고 현재의 기술수준을 유지하고 있어야 한다. 프로그램의 교수진은 프로그램의 목표를 정의하고, 수정하고, 적용하고, 성취할 수 있는 책임감과 권위를 가져야 한다.

1) 농공학 프로그램의 교수진은 농업토목공학 프로그램과 농업기계공학 프로그램의 교수진을 포함한다.

2) 프로그램의 전임 교수진은 농공학 프로그램에 대한 깊이 있는 지식을 갖추어야 하며, 관련 전공분야의 이론과 실무에 해박하며, 그리고 국제적인 교육과 기술동향을 파악하여 교과과정에 반영할 수 있는 박사, 기술사 또는 이와 동등한 전문지식의 소유자이어야 한다.

3) 농업토목공학 프로그램의 교수진은 농업수리(農業水利)·지역환경, 농촌정비, 농업시설·구조 중에서 2개 분야 이상을 포함하여야 농업기계공학 프로그램 교수진으로 인정된다.

4) 농업기계공학 프로그램의 교수진은 세부전공분야로는 노외(路外)기계시스템, 농산가공·생물공정, 농업자동화 중에서 2개 분야 이상을 포함하여야 농업기계공학 프로그램 교수진으로 인정된다.

3. 교과과정

1) 교과과정 편성

본 인증 프로그램을 이수한 졸업생은 기준 2에서 정의한 능력과 자질을 보유할 수 있도록 교과목이 편성되어야 한다.

(1) 일반기초과목으로 수학, 물리학, 화학, 생물학, 농학관련과목이 포함되어야 한다.

(2) 공학기초과목에는 공업수학, 유체역학, 재료역학이 포함되어야 한다.

(3) 농업토목공학 프로그램은 농업토목 기초교과목을 포함하여 세부전공으로 농업수리(農業水利)·지역환경, 농촌정비, 농업시설·구조 중에서 2개 분야 이상을 포함하여야 한다.

- 농업토목 기초과목에는 수리학, 수문학, 토질역학, 응용역학, 측량학이 포함되어야 한다.
- 농업수리(農業水利)·지역환경 세부전공에서는 관개배수공학, 지역환경공학, 그리고 이와 관련된 실험 또는 실습과목 등이 포함되어야 한다.
- 농촌정비 세부전공에서는 농지공학, 농촌계획학, 그리고 이와 관련된 실험 또는 실습과목 등이 포함되어야 한다.
- 농업시설·구조 세부전공에서는 농업시설공학, 농업토목설계, 그리고 이와 관련된 실험 또는 실습과목 등이 포함되어야 한다.

(4) 농업기계공학 프로그램은 농업기계 기초교과목을 포함하여 세부전공으로 노외(路外)기계시스템, 농산가공·생물공정, 농업자동화 중에서 2개 분야 이상을 포함하여야 한다.

- 농업기계 기초과목에는 열역학, 기계요소설계, 농업전기전자등이 포함되어야 한다.
- 노외(路外)기계시스템 세부전공에서는 농업동력학, 농작업기계학, 그리고 이와 관련된 실험 또는 실습과목 등이 포함되어야 한다.
- 농산가공·생물공정 세부전공에서는 농산가공기계학, 생물공정공학, 그리고 이와 관련된 실험 또는 실습과목 등이 포함되어야 한다.
- 농업자동화 세부전공에서는 시설환경제어공학, 정보통신공학, 그리고 이와 관련된 실험 또는 실습과목 등이 포함되어야 한다.

(5) 실험 및 실습내용을 통하여 프로그램의 목적을 달성하고 이론의 이해 및 응용기술을 습득할 수 있어야 한다. 농공학의 세부 프로그램별로 실험 및 실습과목이 충분하여야 하며, 이 과정에서는 문제를 논리적으로 분석하고 공학적인 대안을 통하여 해결방안을 제시할 수 있을 뿐만 아니라, 작업 내용을 효과적으로 표현하는 발표과정 등이 포함되어야 한다.

2) 교과목의 이수

학생들은 기초설계와 종합설계를 포함하여 12학점 이상의 설계 교과목을 이수하여야 한다.

산업공학 및 유사명칭 공학 프로그램에 대한 인증기준

(PROGRAM CRITERIA FOR INDUSTRIAL ENGINEERING AND SIMILARLY NAMED ENGINEERING PROGRAMS)

대한산업공학회의 주관과 한국경영과학회의 의견을 수렴하여 제출됨.

1. 적용

본 인증기준은 산업공학 및 이와 유사한 교육 내용을 가지고 있는 공학 프로그램에 적용한다.

프로그램 명칭에는 산업공학, 산업경영공학, 산업시스템공학, 산업정보(경영/시스템)공학, 시스템경영공학, 경영공학을 포함하거나 이들 명칭으로부터 파생된 명칭이 포함된 공학 프로그램은 본 기준을 공유한다.

2. 교수진

프로그램의 교수진의 규모는 산업공학 프로그램의 교육목표를 달성하는데 필요한 교과과정을 제공할 수 있도록 충분하여야 한다. 교수진은 해당 분야의 전문적인 지식이 있어야 하고, 실무 지도 능력을 갖춘 교수를 포함하여야 한다.

3. 교과과정

1) 교과과정 편성

본 인증 프로그램을 이수한 졸업생은 다음과 같은 지식과 능력을 배양할 수 있도록 교과과정이 편성되어야 한다.

(1) 산업시스템의 효율적인 설계, 운영 및 평가에 관한 지식과 활용 능력

(2) 산업시스템의 의사결정문제에 대한 최적의 의사결정을 위해 과학적 분석기법에 대한 지식과 활용 능력

(3) 정보기술의 활용과 응용 능력

(4) 산업공학도가 경험하는 실무상의 문제를 이해하고 해결하여 실무에 적용하고 그 내용을 올바르게 전달 할 수 있는 능력

(5) 교과과정에는 최소한 12학점 이상의 설계 교육과정을 포함하여야 한다. 설계 교육과정이란 하드웨어설계, 소프트웨어설계, 방법론설계 등을 포함한다.

2) 교과목의 이수

본 인증 프로그램을 이수한 졸업생은 인증기준에서 정의한 능력과 자질을 보유할 수 있도록 최소한 12학점의 설계 교육과정을 포함하여야 한다.

생물공학 및 유사명칭 공학 프로그램에 대한 인증기준

(PROGRAM CRITERIA FOR BIOLOGICAL ENGINEERING AND SIMILARLY NAMED ENGINEERING PROGRAMS)

한국생물공학회의 주관으로 제출됨.

1. 적용

본 전공분야 인증기준은 생물공학, 생명공학, 미생물공학 및 이와 유사한 명칭을 가지고 있는 공학 프로그램에 적용한다.

프로그램 명칭에 생물, 생명, 미생물, 생화학, 응용생명을 포함하거나 생물화학공학, 화학생명공학 프로그램은 본 기준을 공유한다.

2. 교수진

프로그램의 전임 교수진은 생물공학 분야의 각 교육영역을 다룰 수 있도록 해당분야의 박사학위를 보유하고 있어야 한다.

프로그램의 기초분야 및 심화과목에서 반드시 이수하여야 하는 교과목을 담당하는 전임 교수진은 해당분야의 박사학위 또는 이와 동등한 수준의 연구 또는 현장 경력을 갖추어야 한다.

3. 교과과정

1) 교과과정 편성

(1) 교과과정은 생물학, 화학, 수학, 물리학, 컴퓨터 (일부 실험 포함) 등에 관한 기초분야에 대한 교과목을 포함하여야 한다.

(2) 교과과정은 기초 생명과학 관련 핵심과목인 생화학, 미생물학, 분자생물학 또는 이와 유사과목에서 2개 이상의 교과목을 포함하여야 한다.

(3) 교과과정은 화학 관련 기초과목인 유기화학, 물리화학 또는 이와 유사과목에서 2개 이상의 교과목을 포함하여야 한다.

(4) 교과과정은 공학 관련 기초과목인 생물공학양론 또는 기초계산, 미생물공학 또는 이와 유사과목에서 2과목 이상의 교과목을 포함하여야 한다.

(5) 교과과정은 생물공학 관련 심화과목인 반응공학, 열역학, 생물화학공학, 배양공학, 단위조작, 효소공학, 유전공학, 발효공학, 식품공학, 식품가공학, 대사공학, 생의약공학, 생의학공학, 생물정보학, 세포생물공학, 산업미생물공학, 생물공정공학, 생물분리정제공학, 나노생명공학, 생물산업공장설계, 생물산업현장개론 등 생물산업분야에서 필요로 하는 필수교과목 3과목 이상을 포함하여야 한다.

(6) 교과과정은 생물산업에서 필요로 하는 실험기술 및 경험을 충분히 습득하도록 2학점 이상의 실험실습 교과목 2과목 이상을 포함하여야 한다.

2) 교과목의 이수

(1) 학생들이 반드시 이수하여야 하는 교과목은 생물학, 화학, 수학, 물리학, 컴퓨터 (일부 실험 포함) 등에 관한 기초분야에 대한 교과목을 포함하여야 한다.

(2) 학생들이 반드시 이수하여야 하는 교과목은 기초 생명과학 관련 기초 지식을 배양할 수 있는 생화학, 미생물학, 분자생물학 또는 이와 유사과목에서 2개 이상의 교과목을 포함하여야 한다.

(3) 학생들이 반드시 이수하여야 하는 교과목은 화학 관련 기초지식을 습득하고, 원리를 이해하기 위해, 유기화학, 물리화학 또는 이와 유사과목에서 1개 이상의 교과목을 포함하여야 한다.

(4) 학생들이 반드시 이수하여야 하는 교과목은 생물공학 관련 심화과목을 이수하기 위하여, 공학 관련 기초과목인 생물공학양론 또는 기초계산, 미생물공학 또는 이와 유사과목에서 1과목 이상의 교과목을 포함하여야 한다.

(5) 학생들이 반드시 이수하여야 하는 교과목은 생물산업분야에서 필요로 하고, 관련 지식을 습득하고 적용할 수 있는 교과과정으로 생물공학 관련 심화과목인 반응공학, 열역학, 생물화학공학, 배양공학, 단위조작, 효소공학, 유전공학, 발효공학, 식품공학, 식품가공학, 대사공학, 생의약공학, 생의학공학, 생물정보학, 세포생물공학, 산업미생물공학, 생물공정공학, 생물분리정제공학, 나노생명공학, 생물산업공장설계, 생물산업현장개론 등 필수교과목 3과목 이상을 포함하여야 한다.

(6) 학생들이 반드시 이수하여야 하는 교과목은 생물산업에서 필요로 하는 실험기술 및 현장경험을 충분히 습득하도록 2학점 이상의 실험실습 교과목 2과목 이상을 포함하여야 한다.

(7) 학생들은 기초설계와 종합설계를 포함하여 12학점 이상의 설계 교과목을 이수하여야 한다.

섬유공학 및 유사명칭 공학 프로그램에 대한 인증기준

(PROGRAM CRITERIA FOR TEXTILE AND SIMILARLY NAMED ENGINEERING PROGRAMS)

한국섬유공학회의 주관과 한국염색가공학회의 의견을 수렴하여 제출됨.

1. 적용

본 전공분야 인증기준은 섬유공학 및 이와 유사한 명칭을 가지고 있는 공학 프로그램에 적용한다.

프로그램 명칭에 섬유, 파이버, 유기소재, 텍스타일을 포함하거나 이들 명칭으로부터 파생된 명칭이 포함된 공학 프로그램은 본 기준을 공유한다.

2. 교수진

본 프로그램의 교수진은 섬유공학 분야의 업무를 이해하고 현재의 기술수준을 유지하고 있어야 한다. 본 프로그램의 교수진은 섬유공학 프로그램의 목표를 정의하고, 수정하고, 적용하고, 성취할 수 있는 책임감과 권위를 가져야 한다.

3. 교과과정

1) 교과과정 편성

본 프로그램의 교과과정은 섬유공학 및 유사명칭 공학에 있어 중요한 섬유재료, 고분자, 섬유화학공정 및 섬유물리공정 등의 분야 중 최소 2개 이상의 분야가 제공되어야 하며, 섬유 및 섬유제품과 관련된 제반 이론을 실질적으로 응용할 수 있도록 설계 및 실험을 포함하여야 한다.

(1) 섬유재료 : 천연섬유와 인조섬유들의 구조, 특성, 응용 등 섬유재료에 대한 종합적인 이해를 부여하는 교육 내용을 포함하여야 한다.

(2) 고분자 : 고분자의 합성과 구조, 고분자의 특성과 분석, 고분자 가공과 응용 등에 대한 체계적인 교육 내용을 포함하여야 한다.

(3) 섬유화학공정 : 섬유제품의 전처리, 염색 및 가공 등의 섬유습식공정과 이를 효율적으로 수행하기 위하여 필수적인 전처리제, 염료 및 가공제 등에 관한 교육 내용을 포함하여야 한다.

(4) 섬유물리공정 : 섬유형성, 방적, 제직, 편성, 의류공학 등 섬유집합체 및 섬유제품을 제조하는 공정과 관련된 교육 내용을 포함하여야 한다.

2) 교과목의 이수

(1) 학생들이 반드시 이수하여야 하는 교과목은 섬유재료, 고분자, 섬유화학공정, 섬유물리공정 등의 분야 중 최소 2개 이상의 분야에 관련된 교과목을 포함하여야 한다.

(2) 학생들은 기초설계와 종합설계를 포함하여 12학점 이상의 설계 교과목을 이수하여야 한다.

원자력, 방사선공학 및 유사명칭 공학 프로그램에 대한 인증기준

(PROGRAM CRITERIA FOR NUCLEAR, RADIOLOGICAL AND SIMILARLY NAMED ENGINEERING PROGRAMS)

한국원자력학회의 주관과 한국방사성폐기물학회, 대한방사선방어학회의 의견을 수렴하여 제출됨.

1. 적용

본 전공분야 인증기준은 원자력, 방사선공학 및 이와 유사한 명칭의 공학 프로그램에 적용한다.

프로그램 명칭에 원자력, 방사선, 양자, 에너지를 포함하거나, 이들 명칭으로부터 파생된 명칭이 포함된 공학프로그램은 본 기준을 공유한다.

2. 교수진

프로그램 참여 교수진은 원자핵을 기원으로 하는 에너지나 입자를 이용하는 기술의 원리와 실제를 심도 있게 교육할 수 있도록 원자력공학 또는 방사선공학 분야의 전문 지식과 연구 또는 현장 경험을 갖춘 전임 교수들을 포함하여야 한다.

3. 교과과정

1) 교과과정 편성

본 인증 프로그램을 이수한 졸업생은 인증기준에서 정의한 능력과 자질을 보유할 수 있도록 고등수학, 응용 핵물리, 원자로이론, 열유체공학, 방사선 수송, 방사선 상호작용 및 방사선 계측에 관한 교과목을 개설하여야 한다.

2) 교과목의 이수

(1) 본 인증 프로그램을 이수한 졸업생은 인증기준에서 정의한 능력과 자질을 보유할 수 있도록 상기 교과목 중에서 고등수학, 응용핵물리, 원자로이론, 방사선 계측실험을 반드시 이수하여야 한다.

(2) 학생들은 기초설계와 종합설계를 포함하여 12학점 이상의 설계 교과목을 이수하여야 한다.

자원공학 및 유사명칭 공학 프로그램에 대한 인증기준

(PROGRAM CRITERIA FOR ENERGY & MINERAL RESOURCES AND SIMILARLY NAMED ENGINEERING PROGRAMS)

한국자원공학회 주관으로 제출됨.

1. 적용

본 전공분야 인증기준은 자원공학 및 이와 유사한 명칭을 가지고 있는 공학 프로그램에 적용한다.

프로그램 명칭에 에너지자원, 자원에너지, 자원환경, 지구시스템공학, 석유공학을 포함하거나 이들 명칭으로부터 파생된 명칭이 포함된 공학 프로그램은 본 기준을 공유한다.

2. 교수진

프로그램의 전임 교수진은 자원공학 분야의 각 교육영역을 다룰 수 있도록 해당분야의 박사학위, 기술사 등의 자격을 보유하거나 이에 상응하는 현장 경험 또는 현장 적용 능력을 보유하고 있어야 한다.

3. 교과과정

1) 교과과정 편성

본 인증 프로그램을 이수한 졸업생은 기준 2에서 정의한 능력과 자질을 보유할 수 있도록 교과목이 편성되어야 한다.

(1) 자원개발공학 분야, 암반공학 분야, 물리탐사 분야, 응용지질/응용지구화학 분야, 자원처리/자원재활용공학 분야, 석유공학 분야, 자원환경 분야, 자원경제 분야 등이 대학 및 학과의 특성에 따라 교육과정에 편성되어야 한다.

(2) 전공의 교육 목표 및 학습 효과를 달성하는데 충분한 설계 및 실험·실습 과목이 개설되어야 한다.

2) 교과목의 이수

학생들은 기초설계와 종합설계를 포함하여 12학점 이상의 설계 교과목을 이수하여야 한다.

재료공학 및 유사명칭 공학 프로그램에 대한 인증기준

(PROGRAM CRITERIA FOR MATERIALS AND SIMILARLY NAMED ENGINEERING PROGRAMS)

대한금속·재료학회의 주관으로 한국재료학회, 한국소성가공학회, 한국분말야금학회, 한국열처리공학회, 한국세라믹학회, 대한용접접합학회, 한국주조공학회, 한국복합재료학회, 한국자원리싸이클링학회, 한국부식방식학회, 한국표면공학회, 한국자기학회의 의견을 수렴하여 제출됨.

1. 적용

본 전공분야 인증기준은 재료, 금속, 요업, 고분자 공학 및 이와 유사한 명칭을 가지고 있는 공학 프로그램에 적용한다.

프로그램 명칭에 재료, 재료의 가공, 소재, 금속, 세라믹, 무기재료, 요업, 나노, 고분자, 신소재 및 열처리를 포함하거나 이들 명칭으로부터 파생된 명칭이 포함된 공학 프로그램은 본 기준을 공유한다.

2. 교수진

프로그램의 교과목을 담당하는 전임 또는 비전임 교수진은 해당분야의 박사학위, 기술사 등의 자격을 보유하거나 이에 상응하는 현장 경험 을 갖춘 교수진으로 구성하여야 한다.

3. 교과과정

1) 교과과정 편성

본 기준의 적용을 받는 공학 프로그램은 다음과 같은 내용을 교과과정에 포함하여야 한다.

(1) 교과과정은 최소한 12학점의 설계 교육과정을 포함하여야 한다.

(2) 기초과학과 공학원리를 재료공학 제반 현장에 적용할 수 있는 교과내용

(3) 재료분야의 중요 요소인 구조, 물성, 공정, 성능평가에 대한 공학 원리를 이해하는 교과내용

(4) 위 요소들을 종합하여 재료의 선정과 설계 문제를 해결하는 교과내용

(5) 프로그램의 교육목표를 달성하기 위한 실험적, 통계적, 전산학적 방법들을 활용할 수 있는 교과내용

2) 교과목의 이수

학생들은 기초설계와 종합설계를 포함하여 9학점 이상의 설계 교과목을 이수하여야 한다.

전기, 전자공학 및 유사명칭 공학 프로그램에 대한 인증기준

(PROGRAM CRITERIA FOR ELECTRICAL, ELECTRONIC AND SIMILARLY NAMED ENGINEERING PROGRAMS)

대한전기학회가 주관하고 대한전자공학회, 한국전기전자재료학회, 제어 · 로봇 · 시스템학회, 한국소음진동공학회, 한국통신학회의 참여로 제출됨.

1. 적용

본 전공분야 인증기준은 전기·전자공학 및 이와 유사한 명칭을 갖고 있는 공학 프로그램에 적용한다.

프로그램 명칭에 전기, 전자, 통신, 전파, 제어, 전기전자재료, 반도체 및 전기철도를 포함하거나 이들 명칭으로부터 파생된 명칭이 포함된 공학프로그램은 본 기준을 공유한다.

2. 교수진

교수진의 규모는 설정된 교육목표가 달성될 수 있도록 수립된 교육과정을 운영하기에 충분하여야 한다. 또한, 프로그램의 전임교수진은 교과과정에서 정의한 일반영역 및 해당 전문영역을 다룰 수 있어야 한다.

3. 교과과정

1) 교과과정 편성

교과과정은 전기, 전자 및 유사 명칭 공학의 일반영역(전기전자공학, 전기전자제어공학 또는 기타 유사 복합영역) 또는 전문영역(전기공학, 전자공학, 통신공학, 전파공학, 제어계측공학, 전기전자재료 공학 및 전기철도공학 또는 기타 유사영역) 각각에 대하여 전공기초 및 심화전공에 대한 지식을 제공할 수 있도록 구성되어야 한다. 즉, 일반영역에서는 전기 · 전자장치 및 시스템을 분석하고 설계할 수 있는 기초 능력을 배양하는 데 중점을 두도록 하여야 한다. 전문영역에서는 급변하는 기술 분야의 특성 반영뿐만 아니라 전통적인 기술의 기초기술인력도 양성할 수 있도록 하여 신기술분야와 전통기술분야에서 각기 독자적인 전문기술인으로 활동하는 데 필요한 교과과정이 편성되어야 한다. 요소설계는 학생들이 종합설계를 원만히 추진할 수 있도록 종합설계 이전에 설계구성요소 및 현실적 제한조건을 고루 경험하도록 체계적(최소 6학점)으로 편성하여야 한다. 또한 MSC 교과영역에서는 미분방정식의 이해 및 응용능력을 배양하기 위하여 반 학기 이상의 교과과정을 편성하여야 한다.

2) 교과과정의 이수

본 프로그램의 졸업생은 일반영역의 교과과정을 이수(최소 24학점)하여야 하며, 각 프로그램은 최소한 한부분의 전문영역에 대하여 체계적이고 심도 있는 교육이 이루어질 수 있도록 교과과정과 이수체계를 마련하여 제시하여야 한다. 구체적인 이수 조건은 각 프로그램에서 자율적으로 정하되, 그 근거를 제시할 수 있어야 한다. 또한 종합설계 이수 이전에 요소설계를 체계적(최소 6학점)으로 이수하여야 한다.

3) 졸업생의 능력

본 프로그램 졸업생은 다음의 능력이나 자질을 갖추어야 한다.

(1) 하드웨어와 소프트웨어적인 요소로 구성된 전기 · 전자 · 통신장치 및 시스템을 분석하고 설계에 활용하는 능력

조선해양공학 및 유사명칭 공학 프로그램에 대한 인증기준

(PROGRAM CRITERIA FOR NAVAL ARCHITECTURE AND OCEAN ENGINEERING AND SIMILARLY NAMED ENGINEERING PROGRAMS)

대한조선학회의 의견을 수렴하여 제출됨.

1. 적용

본 전공분야 인증기준은 조선해양, 선박해양, 조선, 선박, 해양 공학 및 이와 유사명칭 공학 프로그램에 적용한다.

프로그램 명칭에 조선해양, 선박해양, 조선, 선박, 해양을 포함하거나 이들 명칭으로부터 파생된 명칭이 포함된 공학프로그램은 본 기준을 공유한다.

2. 교수진

프로그램의 교수진은 프로그램의 목표를 정의하고 목표를 달성하기 위한 교과과정의 확립, 이행 및 개선에 대한 책임과 권한이 있다. 프로그램의 교수진은 조선해양공학 분야의 현재의 기술수준을 이해하고 프로그램이 지속적으로 발전할 수 있도록 해야 한다.

3. 교과과정

1) 교과과정 편성

본 인증 프로그램을 이수한 졸업생이 인증기준에서 정의한 능력과 자질을 보유할 수 있도록 다음과 같은 교과과정을 포함하여야 한다.

(1) 수학, 기초과학 및 컴퓨터 활용에 대한 기초지식들을 조선해양공학 분야에 적용할 수 있는 능력을 배양할 수 있는 교과과정

(2) 조선해양공학 분야의 주요 요소, 즉 유체, 구조, 설계 및 생산에 대한 공학적 법칙과 응용에 대하여 종합적으로 이해할 수 있는 능력을 배양할 수 있는 교과과정

(3) 조선해양공학 분야의 주요 요소들에 대한 지식을 활용하여 조선해양공학 분야의 설계문제를 해결할 수 있는 능력을 배양할 수 있는 교과과정

(4) 각 프로그램의 목적과 일치하는 이론적, 실험적 및 전산학적 방법들을 활용할 수 있는 능력을 배양할 수 있는 교과과정

(5) 수학 교과과정 중에서는 미분방정식이 포함되어야 한다.

2) 교과목의 이수

학생들은 기초설계와 종합설계를 포함하여 9학점 이상의 설계 교과목을 이수하여야 한다.

컴퓨터공학 및 유사명칭 공학 프로그램에 대한 인증기준

(PROGRAM CRITERIA FOR COMPUTER AND SIMILARLY NAMED ENGINEERING PROGRAMS)

한국정보과학회의 주관과 한국정보처리학회의 의견을 수렴하여 제출됨.

1. 적용

본 전공분야 인증기준은 컴퓨터, 전자계산 및 유사명칭 공학 프로그램에 적용한다.

프로그램 명칭에 컴퓨터, 전자계산, 정보, 미디어, 인터넷, 소프트웨어, 컴퓨터게임을 포함하거나 이들 명칭으로부터 파생된 명칭이 포함된 공학프로그램은 본 기준을 공유한다.

2. 교수진

교수진은 본 프로그램에 대한 깊이 있는 지식을 갖추어야 하고, 관련 분야에 대한 실무를 이해하며 기술 동향을 파악하고 있어야 한다. 또한 교수진은 프로그램의 목표를 정의하고, 수정하고, 적용하고, 성취할 수 있는 책임감과 권위를 가져야 한다.

3. 교과과정

1) 교과과정 편성

교과과정은 컴퓨터 하드웨어, 소프트웨어 그리고 컴퓨터시스템에 관련된 교과목을 포함하여야 한다.

2) 교과목의 이수

(1) 학생들은 컴퓨터 하드웨어, 소프트웨어 그리고 컴퓨터시스템에 관련된 교과목을 이수하여야 한다.

(2) 학생들은 기초설계와 종합설계를 포함하여 12학점 이상의 설계 교과목을 이수하여야 한다.

토목공학 및 유사명칭 공학 프로그램에 대한 인증기준

(Program Criteria For Civil and Similarly Named Engineering Programs)

대한토목학회의 주관과 한국수자원학회, 한국지반공학회, 한국지진공학회, 한국강구조학회, 한국콘크리트학회의 의견을 수렴하여 제출됨.

1. 적용

본 전공분야 인증기준은 토목공학 및 이와 유사한 명칭을 가지고 있는 공학 프로그램에 적용한다.

프로그램 명칭에 토목, 건설, 건설환경, 교통, 도시, 사회환경, 지구환경, 지리정보, 철도, 해양, 플랜트를 포함하거나 이들 명칭으로부터 파생된 명칭이 포함된 공학프로그램은 본 기준을 공유한다.

2. 교수진

프로그램의 교수진은 토목공학의 13개 전공분야인 구조공학, 콘크리트공학, 수공학, 해안 및 항만공학, 지반공학, 터널공학, 건설관리학, 교통공학, 도로 및 철도공학, 환경공학, 측량 및 지형공간정보학, 지역 및 도시계획학, 플랜트공학 중 최소 4개 이상의 전공분야를 전공한 전임교수들로 구성되어야 하며 해당분야의 박사학위, 기술사, 또는 이와 동등한 자격을 보유하고 있어야 한다.

3. 교과과정

1) 미분방정식을 포함한 수학과 2개 분야의 기초과학 교과목(물리학 분야, 화학 분야, 생물학 분야, 지구과학 분야)을 이수하여야 한다.
2) 토목공학의 13개 전공분야 중 최소 4개 이상의 전공분야에서 각 전공별 2개 교과목 이상 이수하여야 한다.
3) 전공교과목 중에서 1개 이상의 실험교과목을 이수하여야 한다.
4) 설계교과목은 기초설계, 요소설계 및 종합설계 교과목을 포함하여 최소 12학점 이상 이수하여야 한다.

항공우주공학 및 유사명칭 공학 프로그램에 대한 인증기준

(PROGRAM CRITERIA FOR AEROSPACE AND SIMILARLY NAMED ENGINEERING PROGRAMS)

한국항공우주학회 주관으로 제출됨.

1. 적용

본 전공분야 인증기준은 항공우주공학, 항공공학, 우주공학 및 이와 유사한 명칭을 가지고 있는 공학 프로그램에 적용한다.

프로그램 명칭에 항공 및 우주를 포함하거나 이들 명칭으로부터 파생된 명칭이 포함된 공학 프로그램은 본 기준을 공유한다.

2. 교수진

프로그램의 목적을 성취할 수 있도록 교과과정을 제공하는데 충분하여야 한다. 프로그램에 참여하는 교수진은 해당분야의 박사학위, 기술사 또는 이에 상응하는 수준의 전문적인 지식 및 실무적인 경험을 갖추어야 한다. 프로그램에 참여하는 교수진은 항공우주 공학 분야의 업무 및 현재의 기술수준을 이해하고, 프로그램 목표를 정의, 수정 및 적용할 수 있어야 하며, 성취하고자하는 책임감을 가져야 한다.

3. 교과과정

1) 기초수학, 기초과학 및 컴퓨터 활용에 대한 지식을 항공우주공학분야에 적용할 수 있는 능력을 습득할 수 있는 교과목을 개설하여야 한다.
2) 항공우주공학 분야의 기초가 되는 기초전공 교과목을 개설하여야 한다.
3) 항공우주공학 분야의 심화전공 교과목을 개설하여, 항공우주시스템에 대해 종합적으로 이해할 수 있는 능력을 배양할 수 있도록 하여야 한다.
4) 학생들은 기초설계와 종합설계를 포함하여 12학점 이상의 설계 교과목을 이수하여야 한다.

화학공학 및 유사명칭 공학 프로그램에 대한 인증기준

(PROGRAM CRITERIA FOR CHEMICAL ENGINEERING AND SIMILARLY NAMED ENGINEERING PROGRAMS)

한국화학공학회의 주관과 한국고분자학회와 한국공업화학회의 의견을 수렴하여 제출됨.

1. 적용

본 전공분야 인증기준은 화학공학, 고분자, 공업화학 및 이와 유사한 명칭을 가지고 있는 공학 프로그램에 적용한다.

프로그램 명칭에 화학공학, 응용화학공학, 고분자, 공업화학, 응용화학, 화공생명공학, 화학생물공학을 포함하거나 이들 명칭으로부터 파생된 명칭이 포함된 공학 프로그램은 본 기준을 공유한다.

2. 교수진

교수진의 규모는 각 프로그램의 목적에 부합되는 교과과정을 제공할 수 있을 정도로 충분하여야 한다. 또한 교수진은 각 프로그램에 대한 깊이 있는 지식과 전문능력을 가지고 있으며, 관련 전문 분야에 대한 최신의 이론 및 연구능력과 현장적용능력을 균형적으로 보유하고 있어야 한다.

3. 교과과정

프로그램을 이수한 모든 졸업생들이 인증기준에서 정의한 능력과 자질을 보유할 수 있도록 아래와 같이 교과과정이 편성되고 운영되어야 한다. 프로그램 소속 학생은 화학에 대한 이해를 바탕으로 하여 각각의 전공분야별 목표에 맞도록 적절하게 선택된 유기화학, 물리화학 등과 같은 고급 화학과 미분방정식을 포함한 수학 관련 과목 및 기초설계와 종합설계를 포함한 설계학점 12학점 이상의 설계교육과정을 이수하여야 한다.

1) 화학공학, 응용화학공학 및 여기에서 파생된 명칭이 포함된 전공분야

프로그램 소속 학생은 화공 관련 제반 분야에서 요구되는 열역학(다성분계 상평형과 반응평형 포함), 열, 물질 및 운동량 전달론, 반응공학, 분리공정, 물질 및 에너지수지에 관한 교과목을 이수하여야 한다. 아울러 산업현장에서 필요로 하는 공정해석 및 제어, 공정설계 및 모델링에 대한 교과목이 개설되어야 한다.

2) 고분자를 주전공으로 하는 전공분야

프로그램 소속 학생은 고분자 합성 및 화학, 고분자의 물성과 물리, 고분자의 구조와 특성해석, 그리고 고분자의 가공과 응용에 관한 교과목을 이수하여야 한다.

3) 공업화학, 응용화학 등의 명칭이 포함된 전공분야

프로그램 소속 학생은 열역학, 유기 및 무기 화합물의 합성 및 물성, 구조 해석 등 원리적 지식에 관한 교과목을 이수하여야 하고, 이를 활용한 소재 개발과 공학적 응용에 관한

교과목이 개설되어야 한다.

4) 화공생명공학, 화학생물공학 및 여기에서 파생된 명칭이 포함된 전공분야

열역학(다성분계 상평형과 반응평형 포함), 열, 물질 및 운동량 전달론, 반응공학, 물질 및 에너지수지에 관한 교과목 및 생물화학공학(또는 생물공정공학 또는 이와 유사한 내용의 교과목)을 이수하여야 한다. 아울러 전공의 목적에 부합하는 화학공학 교과목 및 생물공학의 기초 및 응용 과목들이 개설되어야 한다.

환경공학 및 유사명칭 공학 프로그램에 대한 인증기준

(PROGRAM CRITERIA FOR ENVIRONMENTAL ENGINEERING AND SIMILARLY NAMED ENGINEERING PROGRAMS)

본 기준은 대한환경공학회의 주관으로 대한상하수도학회, 한국대기환경학회, 한국물환경학회, 한국소음진동학회, 한국지하수토양학회, 한국폐기물학회, 한국환경교육학회, 한국환경영향평가학회의 참여로 제출됨.

1. 적용

본 전공분야 인증기준은 환경공학 및 이와 유사한 공학프로그램 기준에 적용한다.

프로그램 명칭에 환경공학, 환경과학, 환경생물공학, 건설환경, 지구환경을 포함하거나 이들 명칭으로부터 파생된 명칭이 포함된 공학 프로그램은 본 기준을 공유한다.

2. 교수진

프로그램을 교육하는 교수진은 해당 분야에서 전문적인 지식을 갖추어 각자 전문분야에서 현재의 기술을 이해하고 충실하게 교육시킬 수 있어야 하며, 본 프로그램의 규모에 따라서 각 교육영역을 다룰 수 있도록 충분한 수의 교수진이 확보되어야 한다.

3. 교과과정

본 프로그램의 졸업생은 다음과 같은 능력을 배양할 수 있는 교과과정을 이수하여야 하고, 프로그램의 교과과정은 환경산업과 정책의 변화에 따라 지속적인 개선이 이루어질 수 있어야 한다.

1) 수학, 일반화학, 기초물리학, 컴퓨터 등에 관한 기초분야에 대한 내용
2) 환경보전의 중요성, 환경윤리의식의 고취 등에 대한 내용
3) 대기, 수질(상하수도 및 폐수 포함), 폐기물, 소음진동, 환경영향평가 등의 전공분야에서 2개 분야 이상에 대한 내용
4) 환경공학의 주요 전공분야 중 하나 이상의 분야에서 실험을 수행할 수 있는 능력
5) 교과과정의 설계경험을 통하여 환경공학 설계를 수행할 수 있는 능력
6) 학생들은 기초설계와 종합설계를 포함하여 12학점 이상의 설계 교과목을 이수하여야 한다.